融媒时代新闻传播及其变革探析

张　涛◎著

中国商务出版社
CHINA COMMERCE AND TRADE PRESS

图书在版编目(CIP)数据

融媒时代新闻传播及其变革探析/张涛著.--北京:
中国商务出版社,2018.7
ISBN 978-7-5103-2454-3

Ⅰ.①融… Ⅱ.①张… Ⅲ.①新闻学－传播学－研究
Ⅳ.①G210

中国版本图书馆 CIP 数据核字(2018)第 138252 号

融媒时代新闻传播及其变革探析
RONGMEI SHIDAI XINWEN CHUANBO JI QI BIANGE TANXI

张　涛　著

出　　　版:中国商务出版社
地　　　址:北京市东城区安定门外大街东后巷 28 号
邮　　　编:100710
责任部门:职业教育事业部(010-64218072　295402859@qq.com)
责任编辑:周　青
总　发　行:中国商务出版社发行部(010-64208388　64515150)
网　　　址:http://www.cctpress.com
邮　　　箱:cctp@cctpress.com
照　　　排:北京亚吉飞数码科技有限公司
印　　　刷:北京亚吉飞数码科技有限公司
开　　　本:787 毫米×1092 毫米　1/16
印　　　张:16.75　字　数:217 千字
版　　　次:2019 年 3 月第 1 版　2024 年 9 月第 2 次印刷
书　　　号:ISBN 978-7-5103-2454-3
定　　　价:64.00 元

前　言

随着社会生产力水平的不断提高和科学技术的不断发展,新闻传播活动已经成为社会中的一种普遍现象,无时无刻不在为人们的生活服务。它既是文化的使者,又是文化的载体;既是阶级、政党、国家的事业,又是社会的、人民群众的舆论工具;既是阶级性、政治性、意识形态性的事业,又是一种信息性的、知识化的开放型产业。

近些年,随着数字化技术、信息技术的飞速发展,以互联网为代表的新媒体从诞生到逐步发展壮大,深刻改变了旧有的新闻传播方式,系统重塑了新的媒介生态和传播格局,媒介融合已经成为媒体发展的新趋势。在这一变局中,新闻传播也正应势而动,从规则、流程到渠道、方式都在发生巨变。鉴于此,作者特策划撰写了《融媒时代新闻传播及其变革探析》一书,以期能够使更多的人对融媒时代新闻传播及其变革的相关知识有所了解。

本书共包括八章内容:第一章为绪论,对媒介融合的内涵和发展趋势、媒介融合对新闻传播模式的影响以及融媒时代新闻传媒的变革进行了研究;第二章对新闻传播的相关知识进行了研究;第三章至第七章分别对融媒时代新闻传播的受众、传播者、介质、业务、舆论引导进行了研究;第八章则探讨了融媒时代新闻传播的新发展,内容主要包括融媒时代新闻事业发展的新趋向、融媒时代的新闻价值探析以及媒介互动层面下新闻资源的利用与开发。总体来说,本书结构清晰明了,理论明确系统,语言准确通俗,具有全面性、实用性等特点。

本书在撰写的过程中参阅了许多有关新闻传播方面的著作,

同时也引用了许多专家和学者的研究成果,在此表示最诚挚的谢意! 由于时间仓促,作者水平有限,错误和不当之处在所难免,恳请广大读者在使用中多提宝贵意见,以便本书的修改与完善。

作　者
2018 年 5 月

目　录

第一章　绪　论

随着数字技术、信息技术的飞速发展,以互联网为代表的新媒体从诞生到逐步发展壮大,深刻改变了旧有的新闻信息传播方式,系统重塑了新的媒介生态和传播格局,其中最显著的特征便是融媒趋势的逐渐明朗,即新闻传播产业在媒介形态、媒介功能、传播手段、资本所有权、组织机构等要素方面逐渐开始聚合和演进。在这种趋势下,以一种"全能型"媒介的形式来进行新闻生产的努力已现端倪,以至形成一种崭新的新闻传播形态——媒介融合。

第一节　媒介融合的内涵

一、媒介融合的概念及其表现形式

马萨诸塞州理工大学的浦尔教授最早提出了"媒介融合"的概念。他认为,"媒介融合"是指各种媒介呈现出多功能一体化的趋势。① 后来,美国新闻学会媒介研究中心主任尼尔逊重新定义了"媒介融合",他认为其就是"印刷的、音频的、视频的、互动性数

---

① 范周.创新·创意·创业:海峡——两岸文创研究报告 2015[M].北京:中国传媒大学出版社,2016:382.

字媒体组织之间的战略的、操作的、文化的联盟"①。事实上,媒介融合早在传统媒介中就有所体现,只是并没有提出来而已。例如,电视媒介吸收报纸媒介的内容,产生了"电视读报节目";报纸媒介与电视媒介合作,转载电视访谈(谈话)节目的文本内容等。到了数字媒介阶段,网络媒介其实本身就是媒介融合的结果,它将传统媒介的各种符号形式融为一体,使得在统一平台上充分展现文字、图片、音频、视频等多媒体内容。互联网的出现,把媒介融合推向了一个更高的境界。报纸与网络相互融合产生了网络报纸,广播与网络相互融合产生了网络广播,电视与网络相互融合产生了网络电视,手机媒介与报纸、电视相互融合产生了手机报、手机电视等。需要注意的是,媒介融合并不是多种媒介内容和形式的简单叠加,而是通过发挥各种媒介形式的优势,扬长避短,实现融合后的最佳效果。

"媒介融合"的表现形式主要有两种:一是在传媒业界跨领域的整合与并购,并组建起大型的跨媒介传媒集团;二是融合媒介技术,将新的媒介技术与旧的媒介技术联合起来形成新的传播手段,甚至是全新的媒介形态。

二、媒介融合的具体类型

媒介融合现象在形成的过程中也划分成不同的类别,由于各自的分类方法并不固定,所以存在着不同的分类标准。2003年,美国西北大学教授李奇·高登根据不同传播语境下的"Convergence"一词所表达的含义归纳了美国当时存在的五种"媒介融合"类型:所有权融合、策略性融合、结构性融合、信息采集融合、新闻表达融合。② 而提出了"融合连续统一体"概念的戴默也根据自己的观察和理解提出了另外五种模式:交互推广、克隆、合竞、

---

① 蔡雯.新闻传播的变化融合了什么——从美国新闻传播的变化谈起[J].新闻采编,2006(2):57.

② 黄宏.媒介素养教程[M].杭州:浙江大学出版社,2013:64.

内容分享、融合。① 综合来看,上面的两种分类实际上有所不同,但也有重叠之处。第一种划分更侧重于媒介融合所涉及的各种因素,第二种划分更侧重于媒介融合在新闻生产过程中的实际操作。国内的很多学者也对"媒介融合"进行过划分,但大都不会脱离这两种划分方法。为了整体地、全方位地认清媒介融合的类型,以下就对二者进行一定程度的综合和调整,并结合我国的实践,按"媒介所有权合并""媒介技术融合""媒体间战术性联合""新闻报道融合""媒介组织结构性融合""新闻从业者的技能融合"这六种类型来分别讨论媒介融合的具体类型。

(一)媒介所有权合并

媒介所有权合并指的是媒介所有权的集中,它是当今时代新闻业在传媒组织(集团)这一层面的最高层次的融合。美国几个大的传媒集团,如维亚康姆公司、迪士尼、维旺迪集团全球出版公司以及美国在线时代华纳,都是媒介所有权合并的典型例子。传媒业所生产的媒介产品尽管属于精神消费层次商品,但它们同样有类似于物质资料的生产、交换、分配和消费过程。从这个意义上讲,媒体从事的信息传播活动也可以称为经济活动。媒介所有权是整个新闻传播体制的核心问题。从新闻传播法的角度来看,媒介所有权是一定社会的媒体所有制在新闻传播法上的反映,是国家用法律手段确认和保护一定社会里媒体所有制关系的法律规范的总和。目前,中国大陆媒体业呈现出多种媒介所有权并存的局面;同时,由国家对媒体及媒体财产进行占有、使用、收益和处分。作为一种新闻传播的法律关系,媒介所有权是媒介所有人的权利,任何人都负有不得侵犯所有人的媒介所有权的义务。而作为一种传播财产权利,媒介所有权是所有人依法对自己拥有的媒体享有使用、占有、收益和处分的权利,也可以是按照法定形式将其财产所有权转让给他人的权利。

① 姜平.媒介融合教程[M].武汉:武汉大学出版社,2015:10.

(二)媒介技术融合

媒介技术融合是指信息的采集、制作和发布过程以数字化处理为基础,在原先不同的媒介之间实现了互通和共用。

每一种传统媒体都有自己的核心技术,这些核心技术之间本来并没有什么必然的联系,而数字技术的出现则可以将所有的传播技术迅速融合成一种普通的、计算机可读的数字形式。传统印刷媒体的编辑、排版和印刷技术基本上实现了计算机处理;电视媒体将制作好的视频放到互联网上进行再次传播;出版社将图书放到网上书店,使出版和流通领域得到了充分利用;数字电视把计算机处理器引入每个家庭,反过来,家用计算机也可以收看电视节目。总之,各种媒体都在数字技术的平台上,把其各自独立的技术融为一体。技术的融合是新闻传播领域一切融合的基础,是新闻业革新的最大动力。信息通信技术的进步,打造出了一批新兴的媒体形态,如手机报纸、手机电视、IPTV、车载广播、网络电台等,已经成为人们耳熟能详的新名词。这些名词既体现了媒介在技术方面的融合,同时也体现了它们有别于传统媒体的新特征,如媒介形态的交叉多元性、媒介功能的娱乐体验性、媒介运作的整合互动性。

(三)媒体间战术性联合

媒体间战术性联合是数字时代不同所有制下的传统媒体之间、传统媒体与新媒体之间,以自愿互利为前提在内容生产、共享、传播、营销等领域的合作。现代的媒体共生理论认为,媒体之间只有相互依靠才能共生共荣。因此,尽管这种战术性合作的初衷是为了推销各自的传媒产品,但是联合的实际结果是双方不仅节约了资源,而且还有助于媒介信息共享的实现,做到信息传播和利润的最大化。从实践运作和未来前景来看,媒体间战术性联合的形式包括如下几种。

1. 电视媒体和手机媒体间的战术性联合

现代手机增加了视听功能（如 MP3、MP4 等），还可以下载收看电视、电影和在线欣赏节目。在数字无线传输飞快发展的背景下，电视和手机的联合成为必然。

2. 广播媒体和网络媒体间的战术性联合

这种联合是指广播台设立自己的网站，利用网络扩大宣传，同时网络广播又具有点播互动的功能，突破了传统广播时间段的限制。

3. 电视媒体和广播媒体间的战术性联合

电视与广播台一般都隶属于广电集团，因此，它们二者之间进行战术性联合比较方便。"广播的电视版""电视的广播版"，是这种战术性联合的基本套路。

4. 电视媒体和网络媒体间的战术性联合

互联网越普及，分流电视观众的趋势越明显。因此，电视媒体要以新的传播技术改变旧的传播形态，与互联网接轨，开辟新的传播渠道，拓展新的经营思路。近些年来，中央电视台与吉通公司合作，对一年一度的春节联欢晚会节目进行全球网上直播，观众可对最喜爱的春节晚会节目进行网上投票，就是一种比较简单有效的战术性联合形式。

5. 报纸和广播电视间的战术性联合

报纸和广播电视之间的联合，仍然属于传统媒体之间的联合：双方共享新闻资源，实现采编互动，广播和电视纷纷设置读报时间（如凤凰卫视的《有报天天读》），提要性地介绍报业集团当天报纸的主要内容；而报纸则开辟专栏介绍广播、电视的各类节目。

6.报纸和网络媒体间的战术性联合

纸质媒体的数字化,最早是从电子化开始的,"人民日报·网络版"是报纸与网络战术性联合的排头兵。通过这种联合形式,读者可以通过互联网阅读纸质媒体的内容。随着 PDF 版、专门的网络报纸阅读器 EEO 等的出现,阅读变得越来越轻松惬意,读者也逐步接受电子版报刊。与中国报刊电子版不同,美国报刊电子版多实行收费订阅的方式。《华尔街日报》网络版不仅收费,而且已经开始将电子版的订户纳入总发行量的范畴。

(四)新闻报道融合

各种媒体之间的不断融合,促使传统的新闻学科也经历着"细分—整合"的过程。在此过程中,自然而然地出现了新闻学与相关学科间的融合。这种融合逐步推动新闻报道向纵深方向发展,反过来又促使新闻报道的文体呈现出多样化趋势。新闻报道的常见形式有消息、通讯、评论、调查报告和新闻照片等。其中,消息是新闻报道的主要形式,而且现代一切新闻报道形式都是由它衍生而来的。而新闻报道融合则促使新闻报道形式呈现出立体化、个性化和互动化的特征。媒介融合后,各类媒体在一个大平台上运作,以实现这些不同媒体之间的内容的相互推销和资源共享。此时,一个类似于"多媒体编辑"的角色负责统筹规划,将不同种类的新闻报道文体融合——文本、图片、图表、音频、视频等,将传统媒体和网络媒体的报道形式全部融合在网页上。

媒介融合也促使新闻报道在表达上实现了互动。比如,所谓的"网络文本"就是互动性新闻表达的代表。[①]"网络文本"以互联网为平台,综合运用声音、图像、文字、特效等手段,实现新闻报道文本形式的多元化、传受者互动的表达方式。尽管"网络文本"尚未完善,但已经具备形式多样、版面活泼、即时更新、充分互动等

---

① 姜平.媒介融合教程[M].武汉:武汉大学出版社,2015:22.

特点,对传统新闻报道产生了深远影响。

(五)媒体组织结构性融合

媒体组织结构性融合与新闻采集和分配方式有关。媒体组织进行结构性融合后,传统媒体内部各个层次、各个部门之间的隶属和权力关系将出现重大的变化。传统媒体通常是垂直型结构,但随着跨媒介融合,新型的媒体组织必定是水平型的。我国报社内部的组织结构主要有三种:一是社务委员会领导下的社长负责制;二是社长领导下的总编辑、总经理分工合作制;三是董事会领导下的总经理负责制。这些组织结构形式多被报业集团、广电集团、出版集团和发行集团等股份制媒介企业广泛采用。但是,随着媒介融合进程的推进,这样的组织结构面临着挑战。不同集团的媒体在进行组织融合的过程中,往往会出现几种组织模式相结合的现象。比如,在总公司各部门采用的是垂直型组织结构模式,在总公司与其他子公司之间则采用水平型的组织结构模式,各子公司再按照自己需求的不同采用不同的结构模式。美国的《奥兰多哨兵报》决定雇用一个团队做多媒体的新闻产品,使报纸新闻能够加工打包后出售给电视台。在这种合作模式中,报纸的编辑记者可能作为专家到合作方电视台去做节目,对新闻进行深入报道与解释。

(六)新闻从业者的技能融合

新闻报道的文体逐渐融合,与之相应,新闻采集过程也要对此进行配合,于是对新闻从业人员的技能也提出了新的要求,新闻从业者要在职业技能上有所融合,成为"一专多能"甚至是"全能"型人才。

我国的新闻人才结构在当前呈现出"橄榄型"的结构,即以采编人员为主体,管理人员、技术人员比重较小,经营人才和特种岗位的人才稀少。作为传统媒体从业人员,往往是分工明确、各司其职。在媒介融合的形势下,媒体内部的人才结构将转化为"哑铃型",即以管理人员和技术人员为主,日常工作人员比例逐渐缩小。随着数字技术的开发和网络技术的应用,对高层次的管理人才和技术人才的需求也越来越大。目前缺少的正是技术和艺术结合的复合型人才。

媒介融合、新闻融合的趋势,对新闻从业人员的复合型要求提升。从宏观上看,复合型新闻人才应具有较高的外语能力、计算机能力和社会交往能力;从微观上看,新闻从业者除了要能胜任采、写、编、评的各项工作,还要能使这些生产过程适合不同的新闻发布(表达)渠道。当然,全能型的新闻人才是可遇而不可求的,但复合型的人才却是可以通过有意识、针对性的训练和培养来形成的。

第二节　媒介融合的未来发展趋势

媒介融合已成为全世界范围内媒介大整合之下的作业模式,展示出新闻传播界的崭新生态图景,可以说整个社会已经进入"融媒时代"。不过,受制于我国社会背景和新闻事业的发展现状,媒介融合还不得不遭逢这样那样的困境。即便如此,不断满足受众与社会需求而变革一直是新闻传播实践的基本发展规律,媒介融合正是顺应这种规律的显著体现。所以,可以这样说,各类媒介之间的融合与互补是新闻业的必然发展趋势,并具体表现为如下几个方面。

一、理论和技术进一步提升

媒介融合固然是一种新鲜活泼的新闻传播实践现象,同时更应当从理论高度予以定位和提升。虽然众多学者已经从不同角度对媒介融合概念进行了阐释。但是,目前尚未出现从整体上对媒介融合加以系统研究与深入探讨的著作,也未能形成关于媒介融合的统一定义,而且媒介融合的相关研究也存在模糊、交叉、实践指导性欠缺等问题。因此,现有媒介融合理论还有待进一步突破、提升。

在实践层面,主要问题之一是技术的再开发与再成熟。目前,媒介融合的支撑技术正在不断革新与完善,但是还远远不够,蓬勃发展的受众市场与需求必然要求媒介融合技术能在不久的将来再次跃上一个新的台阶。具体从国内来看,在数字技术革命的推动下,电信、广播电视和出版业的产业边界日益模糊和收缩,三大产业的内容生产、传输平台和接收终端不断走向融合,传统传媒业纵向一体化的结构逐步裂变为横向一体化的结构。目前越来越多的大门户网站、搜索引擎以及诺基亚、苹果、联想等以技术为支撑点的大公司纷纷介入媒介融合这一领域,国内正在推进的"三网融合"(图 1-1)更是从国家政策的高度给予技术平台的融合以强大的支持。

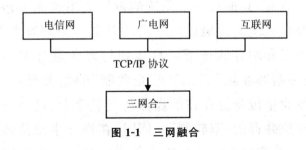

图 1-1 三网融合

二、传播环境不断完善、优化

这里的传播环境指的是作为社会组织的媒介所产生和营造的社会环境。从国内来看,传播环境将因媒介融合的不断完善而得到优化。长期以来,我国媒体一直受传统观念影响,在政治体制和经济基础的影响下,充当的是宣传与训导工具的单一功能。而随着社会转型期的到来和各项改革的推进,社会领域各项改革不断深入,特别是构建"和谐社会"的目标提出后,媒介融合应该要达到"和谐"的目标。有学者更深刻地指出,媒介融合同时也是

"文化冲突—融合—认同"的过程,媒介融合的关键在于传统文化要向媒介融合文化转变。对于自身而言,往往从已有文化结构出发,对外来文化加以甄别、筛选和提炼,吸收为自身文化的一部分;对于"外来者"而言,则需要努力寻求共同之处,适当地加以自我改造与适应。经由这样逐步渗透、演进、交互的过程,不同媒介以文化融合为深层次依托,逐渐实现真正意义上的媒介融合。

三、媒介生态将发生持续而渐进的变动

从深层次上看,在"融合为王"的汹涌大潮中,媒介生态将发生持续而渐进的变动。主要表现在:一方面,媒介融合所带来的理念变化与格局转换同时会对与媒介系统相关的其他社会子系统产生或多或少的影响。比如文化系统,媒介融合所蕴含的互补、融通、协调等理念将逐渐渗入文化系统之中,内化为其中的一部分。另一方面,其他社会子系统的发展成果也能为包括媒介融合在内的媒介系统的发展提供丰富的新鲜血液和有力支撑,从而更好地推动媒介融合的进行。具体到与媒介融合密切相关的新闻改革,我国新闻业正经历着"转企改制"的重大变革,很大一部分原来以事业单位身份存在的媒体将变成企业,进而形成事业单位和企业单位并存的"双轨制"。同时,在媒介生态持续变动的大背景下,推进媒介融合的重要因素就集中到媒体内部管理机制或运作机制的创新上。目前,南方报业传媒集团、广州日报报业集团、烟台日报报业集团等都已经对融合之后的媒体组织结构"再造"进行了积极尝试,并随之带动集团内部业务流程的"再造"。

总之,媒介融合作为信息社会发展的必然产物,也是新闻传播实践的重大革新,必将带来新闻传播理念上的一系列深刻调整。它已经成为席卷全球的时代浪潮,也正在对国内新闻业和新闻传播实践产生革命性的影响。当然,由于各方面因素的限制,媒介融合的过程中还存在着不少亟待解决的难点与困境,但是,这一趋势不可避免而且无法阻挡。

第三节　媒介融合对新闻传播模式的影响

　　媒介融合对新闻传播模式具有显著的影响,具体来说主要表现在以下几方面。

一、信息从重复叠加到整合连贯

　　在媒介融合提出之前,巨型传媒集团虽然也拥有多个媒体平台,但这些媒体平台往往是各自为政地进行纵向的流水线式经营,其提供给受众的绝大部分是传统的信息密集型的媒介产品,受众从这些媒体中接收到的信息同质化情况严重。而媒介融合将打破单一的传统媒体生产流程,从而让多个媒体平台承载多媒体内容的生产。例如,在媒介集团中成立独立的“媒介融合中心”,专门负责对信息资源进行创造性的重组和“研发”,而非简单的信息合并。虽然信息资源的来源与基本内容是共享的,但是最终的媒介产品却是不同的,要针对媒体的不同特点,选择不同报道角度、报道方式,体现媒介本身的个性。

　　根据受众的需要与满足理论,受众会主动地选择自己所偏爱的和所需要的媒介内容和信息。一个媒介集团可以通过自己的整个媒介产品链,实现信息资源的最优化利用,以更完备的媒介去获得新的受众。

二、受众角色从单一线性到多重交叉

　　在传统媒体的传播范式下,受众角色是单一的、线性的。而媒介融合实践的出现,使得受众的角色发生了转变。受众可能会在同一时间一边上网浏览新闻,一边发帖表达自己的意见;也可以在看电视、听广播的时候,通过手机发送短信参与节目。受众同时扮演着观众、听众、读者、参与者与用户等多重角色，与媒介形成多渠道、高频率的接触。如今，受众趋向分化，这客观上必然要求现有的各类相互独立的媒体优势互补、走向融合，从而将更全面、更丰富的信息与内容通过各种媒介及时、优质、快速、低成本地传递，以满足不同受众的需要。通过媒介融合的方式，媒介集团利用其规模优势，将可能扮演不同角色的受众最大限度地收归旗下，提高受众对整个媒介集团的美誉度和忠诚度，从而争夺其他传媒集团的受众群体，扩大自己的市场份额。

三、渠道从各自为营到互动整合

传统媒体在渠道建设方面的做法是将更多的精力放在单一媒体的内容传播上，而媒介融合则将视野投射到各个子媒体，获取渠道资源的交叉共享和效益，实现共赢。例如，美国佛罗里达州坦帕市"媒体综合集团"是较早开始开展媒介融合实践的传媒集团，该集团将它旗下的报纸、电视台和互联网站全部集中起来，并设立了一个专为多媒体作业的新闻中心。各种媒体的采访人员互相配合、协调，合作采访新闻、共享新闻，甚至由同一名记者同时采访报纸和电视新闻，以及电子版的实时新闻，提供给不同的受众。又如，我国的烟台日报报业集团通过一个数字化的复合采编系统，将各类媒体的记者所采集到的信息进行集中处理，并经过统筹安排后经由不同的发布端口提供给受众。

在媒介融合实践中，互动与整合是其主要的特点。各子媒体分享新闻线索、新闻资源，合作进行新闻报道，合作开设新闻栏目；不同媒体介质之间灵活穿插、组合，各个媒体的内容可以更加方便地实现相互嵌入。可以说，子媒体不仅是自身媒介内容的包装者、发布者与推广者，更成为同一集团下其他子媒体的宣传窗口、内容分销商。

四、传播效果从一元效果到复合效果

传媒公司之间通过收购、合并等手段,进行产权、营运、产品上的整合,可以形成规模庞大的多媒体集团,通过同一集团旗下各媒体之间的互相支持、回馈和促销,达到了互相造势和增值的作用。例如,在互联网上进行实时电视广播,或为上网手机提供文字、图片和影像信息,同一集团内不同媒体的内容的互动和整合,能够发挥协同效应,使媒体资源用途多样化,一物多用,扩大了市场,以相对节省的成本获取较大的收益。

在媒介融合的背景下,应该注意的是,虽然传播渠道有一个集中的过程,但各种媒体作为接收的终端却又是分散的,传播的最终效果仍然在每一个接收终端独立地实现着。只不过,在最终评价某一新闻信息的传播效果时会将这些相对独立的终端媒体的效果统合起来。这种传播效果与传统媒体的单一效果相比更为优质。

五、传播者从"术业专攻"到"通才全能"

随着媒介融合的程度加深,传播者将从过去只需要具备单一媒体的操作技能、术业有专攻的"专才"发展到要求精通数字传播技术、掌握多种媒体采集、编辑、发布技巧的"通才"。在媒介融合的趋势下,能在多媒体集团中整合传播策划的高层次管理人才和能运用多种技术工具的全能型记者编辑是十分紧缺的两种新型人才。尤其是前者,他们必须具备信息内容生产、高新技术应用、发展战略策划等各种素质,用高屋建瓴的视角统筹集团内部多媒体资源的整合共享和交叉互动。对于全能型记者编辑来说,采、编、摄、制作等业务方面的要求越来越高,这些传播者每天既要进行例行的采访工作,根据采访所得的资料给网站写专栏文章,给电视台发去最新的报道,甚至编制一个相应的电视节目,还要给

第二天出版的报纸写新闻稿。传播者从"术业专攻"到"通才全能"的形态变化,是对整个传播过程的拓展和深化。传播者在生产媒介产品的过程中,扮演多岗位、多职能的生产者角色。记者面对媒介融合的现实,在为不同媒体写同一事件时,形式和重点必须不同,要懂得分别用文字、音频、视频等多种手段制作出适合某一媒体刊登、发布、播出的内容。对此,美国许多新闻院系都开设了"媒介融合"专业,全面训练新闻业未来的从业者。但是,我们也应该看到,"通才"型新闻人才的培养并不意味着记者总是要身兼数职,而重要的是在媒介融合的背景下,记者应该养成一种多媒体的思维方式,当新闻事实发生后,记者能迅速拟出利用多种媒体手段进行报道的方案。在一些重大新闻事件的报道中,多媒体联合的报道团队将会有更细致的分工与合作,通过团队作战进行报道。

由此可见,在媒介融合背景下,对于传播者而言并不仅仅是传播技能的多媒体化那么简单,更意味着传播者应根据新闻信息的多媒体采集、生产、发布的需要,调整从业人员的定位,对其生产流程进行进一步的细分,以提高传播效率。

综上所述,媒介融合的理念对传统的新闻传播模式不可避免地产生了冲击和影响。通过媒介融合的"融合"与"细分",同一集团的各个媒介平台融合成交错复杂的媒体网,产生极大的联动效应。

第四节　融媒时代新闻传媒的变革研究

随着电子报刊、手机广播、网络电视等新媒体成为人们获取信息的主要方式,传统媒体受到了很大的冲击,为了获得发展,传统媒体必须进行变革,与新媒体相互补充,共同促进新闻传播工作的顺利开展。

一、传统媒体的变革及新媒体的发展战略

(一)传统媒体的变革

在融媒时代,以网络和手机为代表的数字化新媒体发展迅速,并在与传统媒体不断融合的过程中快速挤压传统媒体的生存空间。不仅平面媒体,传统的广播电视媒体如今也面临着严峻的生存压力,面对媒介融合的大趋势,传统媒体应从以下几个方面进行变革。

1.重新定位角色

媒介融合在很大程度上是一个传统媒体与新媒体的博弈过程。虽然新媒体在市场份额等方面对传统媒体造成了很大的冲击,甚至大大缩小了传统媒体的生存空间,但新媒体并不会取代传统媒体,传统媒体也不会自行消亡。面对媒介融合背景下新媒体的挑战和挤压,传统媒体首先要做的,是在新的媒介生态环境中重新进行角色定位。

媒介融合促进了整个媒介生态环境的大变革。在传统媒体时代,报刊、广播电视等传统媒体几乎覆盖了整个媒介受众市场,再加上信息来源的垄断性和内容资源的有限性,传统媒体可以很容易地进行"点对面"的大众传播,而不需要过多考虑受众的个性化需求。而在新媒体时代,用户不仅可以通过互联网和手机等新媒体免费获取传统媒体上的大多数信息资源,还可以同媒介或其他用户进行信息互动。随着新媒体的广泛应用,并不断向传统媒体渗透,传统媒体所构建的媒介生态逐渐被新媒体所主导的媒介生态所取代。

2.主动融入新媒体

在融媒时代,新旧媒体呈现出不断融合的趋势,而在这一过

程中,新媒体占主导地位。正因如此,传统媒体必须主动向新媒体渗透和融合,才能避免被新媒体取代的命运。面对新媒体的冲击,越来越多的传统媒体也意识到这一点,开始向新媒体渗透。例如,在报业领域,不断开拓网络版。传统报纸还利用手机媒体创办手机报,也为报纸媒体找到了一条盈利新路。在广播电视领域,广播电视的数字化让传统广电业获得了新生,数字电视、IPTV 成为传统电视发展的新方向。此外,传统电视也在向网络媒体和手机媒体渗透,网络电视和手机电视为传统电视提供了广阔的传播平台。

传统媒体向新媒体渗透和融合是媒介融合的必然要求,传统媒体也可以通过融入新媒体获得更大的发展空间。然而,传统媒体在向新媒介融合的过程中面临着诸多问题,为解决这些问题,传统媒体应做到以下几点。

第一,传统媒体融入新媒体,不应仅仅停留在借用终端和平台等产业表层,而应注重产业链各环节的互补和联动。例如,目前传统报纸融入新媒体,多是借助网络、手机等新媒体终端,注重的是新媒体的平台优势和渠道优势,而忽略了新媒体的海量信息资源优势。如果传统媒体充分利用新媒体的这一内容资源,加上本身强大的信息内容整合和编辑能力,必然能为自身创造更多高质量的内容产品。

第二,传统媒体在融入新媒体的过程中,必须以传统媒体本体为立足点。传统媒体主动融入新媒体,并不是用新媒体取代传统媒体,而是要借助新媒体的终端平台实现传统媒体的再发展。也即是说,传统媒体无论怎样数字化和网络化,都要以本体的发展为基础,否则就是舍本逐末。

第三,传统媒体融入新媒体,应充分结合新媒体的传播特点,而不是对传统媒体的照搬照抄。例如,许多传统报纸的网络版,就是把每期的纸质版报纸原封不动地搬到网站上,这样不仅不能对纸质报纸起到任何促动效果,反而可能会由于网络版报纸的免费性和便利性损失纸质报纸的读者。

3.进行产业链重组

媒介融合在改变了整个媒介生态环境的同时,也改变了传统媒体在媒介生态中的地位和作用。从某种意义上说,在融媒时代,整个信息传播体系是一个整体、一个系统,在这一信息生产和传播系统中,媒介融合让各种媒介成为整个信息传播产业链前的一环,无论是传统媒体还是新媒体,都有其相应的产业链地位和角色。

对于传统媒体来说,尽快地找到适合自己的产业链角色并进行产业链升级重组,是其能否在媒介融合的大环境中持续发展的关键。由于高品质的内容资源是传统媒体的核心竞争优势,因此,传统媒体有必要以内容生产为核心进行产业链重组,建立以内容产品为基础的业务体系。当然,传统媒体在进行产业链调整时,除了要以内容生产为核心,还必须注重与其他产业链环节的配合,尤其是应注重同新媒体渠道运营商和平台运营商的联动。

传统媒体与新媒体在融合过程中往往出现两种极端。一是传统媒体完全将新媒体作为本体内容的复制、传播平台,新媒体的内容全部是传统媒体的机械照搬;二是传统媒体完全向新媒体转移,不仅用新媒体终端取代传统媒体终端,而且在经营理念、盈利模式等方面也"新媒体化",失去了传统媒体的固有优势和产业基础。这两种极端情况都是传统媒体在进行产业链整合时需要避免的。

(二)新媒体的发展战略

新媒体的发展战略主要包括以下几点。

1."用户为本"

"用户为本"是指新媒体产业在媒介融合的背景下应更注重用户体验,以用户为中心进行产业链改造和升级。与传统媒体不同的是,新媒体具有交互性的特点。交互性是新媒体生产环节与消费环节的互动和交融,是新媒体与用户的信息交互;在新媒体产业中,用户早已不再仅仅是信息内容的被动接收者,而是成为信息内容的创造者,任何新媒体用户都能够通过使用新媒体制作、发布信息,都有可能成为话题的焦点和舆论的发起者。新媒体的这种特性使得用户逐渐成为新媒体产业链的中心环节,新媒体产业链的其他环节只有围绕用户进行内容生产和广告发布,才能最终顺利实现产品的价值增值。

2."内容为王"

虽然新媒体的天然优势在于渠道而不是内容,但在媒介融合的背景下,媒体边界不断消融,各种不同的媒介终端和传播平台不断涌现,渠道数量和选择也会日益增多,而"内容为王"依然是一个重要的竞争因素。因此,新媒体的未来发展不但需要继续扩大"渠道"优势,更应在内容生产上寻求突破。围绕内容产业进行盈利模式创新,首先可以新兴媒介形态为基础或出发点。一种新的媒介形态一旦出现,无论它传递的是什么样的信息内容,这种媒介本身就会引起人类社会生活的变化,引起社会结构的变化。在媒介融合的背景下,新的媒介形态基于网络、手机等媒体平台而层出不穷,其本身就会带来相应的信息内容,造成媒介生态环境的改变;而我国新媒体产业运营主体要做的,就是加强技术创新,促进新兴媒介形态不断涌现,从而为进一步发展新的内容服务模式奠定基础。新媒体产业围绕内容产业进行盈利模式创新,也必须重视对已有媒介形态的内容服务进行改造、创新。在未来新媒体产业中,"内容为王"的趋势将更加明显,内容创意上的收入将达到整个新媒体产业链产值的一半以上。因此,新媒体内容产品的创意和创新,无疑成为新媒体产业创新其运营模式时需要着力加强的环节。

3."分工协作"

在媒介融合和产业融合的促动下,集团化是新媒体产业机构模式的发展方向。新媒体产业在未来发展中应以集团化为宏观导向,强调各组织机构的分工协作。建设新媒体产业基地可以说是推动新媒体产业机构集团化发展的很好的对策。新媒体产业在生产关系上具有融合性和渗透性,造成了新媒体产业链的集群化特征。由于目前我国的新媒体产业正处于起步阶段,产业链中投入—产出的生产联系往往不能在自然的市场竞争中表现出来,新媒体产业的集群化特征也就不能转化为资源配置优势;因此,需要通过建立新媒体产业基地,将新媒体产业链各运营主体聚集到同一地区,从而用地域集群带动产、地域集群,实现资源的优化配置。

4．"渠道制胜"

在媒介融合的时代背景下,传统媒体与新媒体之间相互作用,逐渐形成新的媒介生态环境,进而推动新旧媒体对自己在媒介生态中的地位和功能进行重新审视。无论传统媒体,还是新媒体都需要根据自己的本体特征进行定位。新媒体从诞生到现在,在整个信息传播产业链中主要扮演渠道运营商的角色。无论是网络媒体还是手机媒体,以至移动车载电视、户外电视,它们之所以能够在激烈的媒介竞争中脱颖而出,在很大程度上要归功于由新媒体技术所衍生而来的渠道资源优势。

随着媒介融合的深入以及技术条件的不断成熟,新媒体以数字技术和网络技术为支撑所构建的各种数字化信息传播平台和互动载体,能够将海量信息汇总分类,并为用户提供信息传播"入口",不但可以有效解决信息爆炸时代的信息过载问题、改善信息传播效果,还能为新媒体产业带来大规模的用户和广阔的市场空间。因此,从这个角度来说,新媒体在媒介融合背景下进行角色定位时,依然要牢牢抓住其与生俱来的渠道优势,只有这样,新媒体才不至于失去核心竞争力。

需要强调的是,新媒体利用其渠道资源优势,并不是进行渠道垄断,而是要利用新媒体传播渠道拓展经营模式、获取更多产业资源。此外,新媒体还需要不断进行技术创新,开发更多、更有优势的渠道资源。

二、新闻传媒变革中面临的问题

媒介融合一方面改变了媒介生态环境,另一方面也带来诸多媒介失范问题,主要包括以下几点。

(一)信息失实问题

新媒体传播的门槛较低,每个人都可以成为信息的发布者,因此信息的质量良莠不齐,存在大量虚假信息,让人难辨真伪。而媒介融合一方面加速了这些虚假信息成为谣言的进程,也加快了谣言的传播速度;另一方面,一些传统媒体对网络媒体中的失实信息不加辨别地采用和传播,也在很大程度上扩大了失实信息的影响力,带来负面社会效应。

(二)信息环境污染问题

淫秽色情、垃圾信息是新媒体面临的重要问题,而媒介融合更是加剧了这些信息的传播。我国法律明令禁止传播淫秽色情的出版物,但是在网络空间中,海量的信息令审查困难重重,一些网站为了获得高点击率而成为非法信息的传播者。同样,内容提供商和手机运营商也看中了手机媒体的广大市场,而利用淫秽色情信息吸引用户点击、购买,获得非法利益。垃圾信息则是伴随新媒体产生的一种营销手段,广告商未经用户许可所发送的大量垃圾邮件、垃圾信息,干扰了用户的正常生活,更有甚者利用垃圾信息实施诈骗行为。

(三)信息安全问题

新媒体在给媒介融合带来主导动力的同时,也引发了媒体信息安全问题。无论是互联网还是手机,如今都面临病毒攻击的威胁。计算机病毒问题存在已久,虽然市面上有各种各样的杀毒软件,但是病毒的传播速度远远超出了人们的想象,病毒无时无刻不在干扰着人们的媒介使用,盗取用户的个人信息,为网络犯罪提供技术支持。

(四)侵犯公民权利问题

媒介融合在一定程度上增加了媒介形态和传播途径,尤其是博客、播客、微博等社会性传播媒介的出现,为用户提供了更加丰富多彩的个人服务,但同时也带来了一系列问题。例如,网民可以在个人空间随意发布任何言论,手机偷拍照片后可以随意上传网络,这都可能造成对公民隐私权、名誉权等人格权的侵犯。由新媒体所引发的侵犯人权的问题,如果再被传统媒体传播甚至渲染,势必大大增加其危害性。

(五)知识产权侵权问题

知识产权侵权问题一直是我国文化产业的一大隐忧,媒介融合的加速,使得我国知识产权侵权的问题更加严峻。媒介融合带来媒介边界的消解,同时也使得各种不同媒介的内容资源能够更加顺畅便利地流通、共享和传播。在这一过程中,相关法律规定的缺位造成了媒介内容使用上的知识产权问题。媒介融合所触发的知识产权侵权问题主要可以归为两大类:一类是网络、手机等新媒体对传统媒体内容资源的侵权使用;另一类则是传统媒体对新媒体内容资源的侵权使用。

三、新闻传媒变革中的规制建设

融媒时代,在新闻传媒的变革中应加强规制建设,保障新闻传播工作的健康持续发展,具体应做到以下几点。

(一)传媒规制要有预见性和先导性

在融媒时代,媒体环境和传媒格局瞬息万变,因而对媒体环境起规范、监督和指导作用的传媒规制也不能被固化,而是应该做到既具有现实指导功能,又具有对未来媒介发展的预见性和先导性。这就要求传媒规制的制定者在制定政策时准确研究媒介融合所带来的传播格局的改变情况,同时也要对未来传媒发展方向具有相当的判断力和洞察力。

(二)"放松"与"约束"结合

在媒介融合的大背景下,放松管制是传媒规制发展的必然要求。放松管制是为了放开竞争,顺应媒介融合的市场发展规律。但是,媒介融合背景下的放松管制并不是毫无区分地放宽规制,媒介融合所催生的新的媒介生态环境更需要科学、合理、有针对性的法律法规进行监督、规范和引导。放松管制是为了给媒介融合创造宽松的发展空间,但如果仅仅是放松管制,而不对媒介融合之后的媒介环境进行约束和监督,势必引发媒体失范问题。因此,在媒介融合的背景下,要做到放松管制与加强约束相结合。

(三)与现实传播格局充分互动

实践表明,传媒规制的放松能够促进媒介融合,媒介融合的实践也能影响传媒规制。对于传媒政策的制定者来说,传媒规制需要与媒介融合实践和现实传播格局进行充分互动,只有这样,传媒规制才既能顺应媒介融合的发展趋势、推动媒介融合进程,又能在最大程度上起到监督、规范媒介融合的作用。

政策规制是"一个与现实传播格局对应并经过互动而不断演化的系统,不同的传播格局需要不同的规制体系"①。在媒介融合进行之前,媒介生态环境或传播格局是各媒介实体相互独立、相互分割的,相应的媒介规制也是建立在这样的传播格局之上。由技术创新和市场对利润最大化的追逐所推动的媒介融合,一方面改变了既有的传播格局,并反作用于传媒规制;另一方面,媒介融合实践本身也给传媒规制形成压力,使得规制革新势在必行。

---

① 朱春阳.媒介融合规制研究的反思:中国面向与核心议题[J].国际新闻界,2009(6):24.

第二章　新闻传播的内涵

当今社会的人们每天都会从各种渠道中获得大量的信息,其中多数是新闻传播出来的信息。可以说,当前新闻传播在人类日常生活中无处不在。本章即对新闻传播的相关知识进行简要阐述。

第一节　新闻传播的特点与原则

一、新闻传播的特点

新闻传播具有显著的特点,概括来说,这些特点主要包括以下几方面。

(一)系统性

传播是一个系统,它具有一切系统所拥有的特征:复杂性、动态性、开放性、连续性等。首先,从单个的过程来看,传播的要素不仅包括传播者、受传者和信息,也包括传播的媒介以及其他噪音。传播者、受传者在传播信息和反馈的过程中受到本身的个性心理、知识经验、价值观及所属群体、组织乃至整个社会的影响;而传播的过程又将受到自然或人为的噪音的影响。因此,单个的传播过程并不是一个简单的过程,它与社会历史环境以及传播情境密切相关。其次,在现实社会的传播中,往往是许多这种复杂传播过程交织、穿插在一起。它们彼此作用,相互制约,形成了一个庞大的信息传播系统。这个系统是一个复杂的过程集合体,各种信息在其中形成、变化、融合、消亡;同时,这个系统处于与其他的社会要素或系统你来我往、相互影响的过程之中。[①] 传播系统不断运动,随着人类的产生而产生,随着人类的消亡而消亡。

(二)双向性

传播是一种双向的社会互动行为。传播者将信息传递给受传者,受传者又做出相应的反馈,二者始终处于你来我往之中。即使在传者传递出信息后,受者沉默不语,那也是一种反馈的形式。在所有的传播类型中,人际传播和网络传播的双向性较强,而组织传播和大众传播的双向性较弱。尽管有强弱之分,但是双向性是每种类型的传播都必然存在的特征。

(三)目的性

传播带有目的性是由于传播主体——人的行为总是带有目的性。相对于动物而言,人类的传播行为不是某种非条件反射或条件反射,而是有意图的精神活动,是自觉的。通过信息传播活动,在一定程度上消除了不确定性和未知因素。人类的各种传播类型都有着一定的目的性和自觉性。

(四)双重性

这里指的是传播手段、工具、介质的双重性。传播的工具或中介是信息,它不仅包含了物质载体——符号,也包括了精神内容——意义,二者密不可分。符号是有形的、可感的,没有符号我们就无从知晓他人的意图;意义是无形的、潜在的,没有意义传播就不起作用,二者缺一不可。

---

① 李正良.传播学原理[M].北京:中国传媒大学出版社,2007:48—49.

(五)社会性

在传播学研究中,传播的主体是人,而人区别于动物的基本属性就是它的社会性,因此传播不可避免地带有社会性。人的传播活动在社会中进行,它促成了社会关系的形成,又反映了一定的社会关系。如果没有人类社会,人们就不会相互交流、共同协作,信息就没有形成的条件和空间,那么就不会有传播;如果没有传播,人们之间就不会凝聚在一起,形成某种特定的社会关系,那么也就不会有人类社会。一旦社会关系形成了,传受双方就处于一定的社会角色和地位之中,他们传达的内容、语气、神态就会反映出他们之间的社会关系。

传播具有时空遍布性特点,无时不有、无处不在,作为人类的一种赖以生存和发展的基本行为,其是极端重要的。

(六)共同性

共同性强调的是传播者和受传者对信息理解的共同性。没有受者接受的传播是不完全的,称不上传播。传播的完整过程是传播者先编码,将要表达的意义转化为符号,通过介质传给受传者,受传者再对符号进行解码,转化为自己所认为的意义。而编码和解码是利用传播主体已有的符号系统、认知结构和知识经验进行的,也即为符号所代表的意义是约定俗成的。如果要使传播顺利进行,这种编码解码工具必须相同或者有交集,也就是说,传播主体对符号的解释要具有共同性。

(七)共享性

信息不同于物质,它能够在瞬间不断复制,即使传递给他人,自己仍然拥有。在传播过程中,一个人所拥有的信息在传递、交换和扩散后,不仅就为他人所有,而且自己仍然保留。因此,信息的传播过程也是信息为传播者和受传者所共享的过程。另外,传播有着各种各样的类型,如口语、问题、图像等。人类的一举一动都伴随着一定的传播行为——总是携带和散发着某种信息。因此,传播还具有一定的行为伴随性和贯穿性。人的各种动作、表情、言语都会向人传播特定的信息。

二、新闻传播的原则

正确合理的新闻传播原则对新闻传播活动具有重要的指导作用。概括来说,新闻传播的原则主要包括以下几方面的内容。

(一)真实性原则

人类精神活动从根本上说是为了认识世界并改造世界、发展自身,新闻传播活动自然也是这样。新闻传播在人们认识世界的过程中所起的作用,就是提供客观世界的信息,以消除人们认识上的不确定性,进而有利于人们去了解、适应、应对、利用和改造客观世界。人们只有在获得了关于世界的真实情况时,才能做出正确的判断,调整自己的行动。新闻传播的意义也正在于此。相反,如果新闻提供的不是真实的信息,它就可能误导人们的思维和行动,给人们的生活制造混乱,造成精神和物质的损失,进而导致社会机体的失序。正因为如此,真实是人们对新闻的最基本的要求,因而传播真实可靠的信息、坚持新闻的真实性原则也就成为新闻传播者最基本的工作原则之一。然而,在具体的新闻传播实践中,由于种种原因,依然会出现虚假新闻和失实报道,这就要求进一步加大监督力度,从而改善这种损害新闻本原的不良现象。

(二)客观性原则

新闻的客观性原则是指新闻工作者要按照事物本身的面貌去报道。客观性原则包含两个相关的方面。一方面是指新闻传播者对事实的认知和判断的准确,我们知道,从哲学上讲,所谓事实乃是"人的实践和认识活动对象的客观存在状态"①，如果缺少实践能力，认识水平低下，文化知识缺乏，就不可能准确地把握事实，也就无法真实地报道事实。另一方面是指新闻传播者在报道时所采用的符号化手段能够准确地再现事实。新闻作品必须在何事、何人、何地、何时、为何、如何方面落实清楚。其中何事最为关键，是核心因素。因为新闻是事实的报道，先有事实后有报道，缺了"何事"，新闻就没有了对象和依据，根本无法成立。在新闻写作中，真实性原则要求语言文字的表述要准确，确保与其所报道的事实完全一致。同样，电视新闻的制作也须力戒补录、补拍、嫁接和以导演的手法来"造"新闻，而必须力求同报道对象的原来状态相一致。

(三)针对性原则

针对性原则是新闻传播必须遵循的一个重要原则，因为受众对新闻接受行为具有个体化特点，不同的受众个性不同，性别、年龄、经济状况、社会地位、文化水平、政治态度、宗教信仰、文化背景、性格气质、人生经历等各不相同，对新闻的接受行为也不同。而且，人们接受新闻的具体目的也不同。这就要求传播的新闻具有针对性。而新闻传播遵循针对性原则，要具备一个重要的前提条件，就是要对不断变化的受众有较为充分的了解。多年来，我国新闻界对受众的了解不够，具体来说，可从以下三个方面得到反映。

第一，对受众的研究较为滞后。受众研究虽然用不着如新闻今日事今日报，但实际上有更高的要求，即要能预测。而中国目前的受众调查研究大量是滞后的研究，用以解释过去的多，用以预测将来的少。

第二，对受众的认识较为模糊、感性有余，精确、科学不足。传者对受众的了解主要来自感性体验，容易模糊、片面。从20世

①　陈霖.新闻传播学概论[M].4版.苏州:苏州大学出版社,2013:137.

纪80年代开始,受众调查研究进入了我国新闻从业人员的视野,科研机构和新闻机构陆续地进行了一系列受众调查,有了一批成果,也集结了一批专家。但从整体来看,中国新闻界对受众研究并没予以应有重视,拍脑袋想当然的成分较大。中国受众研究水平还有待大幅度提高,某些新闻单位做的受众调查,从问卷设计到资料分析、调查报告的写作都有不规范、不科学的痕迹,有的甚至贻笑大方,因为新闻单位进行受众调查的人,往往是从记者编辑中抽出的非专业人员。新闻单位的不重视,也阻碍了受众研究市场的培育和发展。

第三,对受众研究的系统性和长期性较为欠缺。对受众的了解应该是个不间断的过程,有专门的组织和人员予以保证。而当前中国的新闻媒体一般只到年关或改版等重大变更前才进行受众调查,有"临时抱佛脚"之嫌。国外一些新闻机构可以为我们提供一些可资借鉴的经验,他们定期地请进来、走出去,随时回馈传播信息,以供决策层利用。

俗话说,"知己知彼,百战不殆",只有对受众有充分的了解,才能够谈得上针对性,中国新闻受众研究科学化、系统化、长期化的道路还相当长,希望能够通过不断的努力来改善新闻受众的研究。

(四)适量性原则

新闻传播中的适量性原则,主要是指新闻传播中的信息要适度,如果新闻信息过杂、过多,那么大量的信息接受活动会导致受众精神疲劳,带来"信息焦虑"和"消化不良",同样收不到好的效果。要对适量性原则进行深入的理解,首先要对"不适量"进行了解和认识,一般来说,不适量主要表现在两个方面:一个是信息量不足,一个是信息过剩。

信息量不足主要体现在两个方面:一是异质信息不够,二是高质深层信息不够。异质信息不够产生的原因是中国新闻媒介习惯于顺大流,对新闻的选择以及分析,思考独立、视角独到的不多,导致同质信息累积,异质信息数量明显不足。高质深层信息不够产生的原因是新闻传播讲求快和新,不可能像进行科学研究那样充分挖掘高质深层信息,但受众对这类信息有大量需求。新闻传播者如果仅停留在表层低质的信息传播上,会失去受众,其实质是对受众新闻信息知悉权的无形剥夺。高质信息短少的原因很多,或因被采访对象的阻挠、各种社会力量的干涉,或因传播者本身素质不够等。

信息过剩往往为新闻传播者所忽略,以为新闻信息越多越好。从社会各类信息总体来看,信息要求丰富,新闻信息也不例外。但过剩会带来负面效果,甚至抵消、冲击传播的正面作用,主要体现在三个方面。

第一,导致同质信息出现过剩的情况。受众被反复刺激而处于麻木状态,甚至产生逆反心理。受众的心理承受是有一定限度的,他们需要不断的新的刺激,简单重复无异于在希求打动影响受众的同时给对方覆上了一层茧壳,我国典型人物和重大宣传容易出现同质信息过剩的问题。

第二,受众的选择性受到大量新闻信息的影响。这一问题在网络传播时代将更为突出,网络技术提供了几乎没有边界的信息通道,各种信息良莠不分充斥其中,受众在新闻信息容易获取的表象下,掩盖着难于选择和接受的另一面,从而引起信息的"消化不良",呈现出另一种形式的信息匮乏。这对新闻信息选择、分类的服务提出了新的要求。

第三,容易导致受众出现疲劳,并且导致传播效果不理想。有的电台盲目追求信息量,认为提高播音语速是良方,快则快,多则多,就不知受众到底听清多少、记住多少。播音员辛苦,听众也不轻松。

总之,新闻信息量要做到适度,不能太少,也不能过剩。但目前新闻信息量还没有恰当的可以量化的衡量指标,新闻信息量是否适度离量化还有相当一段距离,但只要新闻传播者有新闻信息适量原则的意识,并随时收集受众反馈,据此调整新闻信息的量,适量传播还是可以做到的。

(五)社会公益原则

社会公益原则是由新闻传播的大众传播性质所决定的。新闻传播的服务对象是社会大众,新闻媒介长年累月不间断地传递着大千世界的各类最新信息,对信息内容和传播方式的取舍,必然影响着公众的认知水准和精神境界,从某种程度上可以说,新闻传播塑造着社会精神。坚持社会公益原则,对社会负责,其实也是对新闻媒介自身负责。如果新闻媒介败坏社会美德,终究将败坏自己。

社会公益原则无论在什么意识形态的社会里,都是十分讲究的。我国公开强调这一原则,要求新闻传播无论在内容还是形式上,都要健康向上,都要自觉维护党和国家的利益,维护广大群众的利益。这一点在我国诸多新闻工作文件规章中有明确的规定。资本主义国家也强调这一原则,美国新闻自由委员会曾提出"现代社会对报刊的五项要求",其中之一就是阐明目标美德。当然,在不同国家,这一原则的出现方式是不同的,有的出现在新闻法规,有的出现在新闻工作者职业道德准则,有的甚至是不成文的公认等,或者兼而有之。不管怎么样,社会公益原则是人类新闻传播的普遍性原则,需要严格遵循这一重要原则。

(六)时效性原则

时效性包括时新性和时宜性。时新性是指新闻报道要尽量缩短与新闻发生之间的时间差。具体来说,就是从报道内容上来讲,新闻所反映的事实要新。这里的"新"不仅指事实是刚刚发生的,也包括对过去发生的不为人知的事件的披露和发现。在时间的坐标轴上,每后一点相对于前一点都是新的,新的时间里发生的事件并不都可以(也无法都用来)作为新闻,往往是那些超出常规、不可预测、闻所未闻的事件更为新闻传播者所青睐,也更为新闻受众所期待。时宜性也称适时性,是指新闻报道在快的前提下,也要掌握火候,该压的时候要压一压,以在最适宜的时候传播来获得最佳传播效果。

(七)受众最大化原则

受众最大化原则是指新闻传播要尽可能地吸引更多的受众。新闻传播虽然也可以通过人际、组织等形式传播,但现代意义的新闻传播主要以大众传播的形式呈现。可以说,广大受众是新闻传媒存在的基础,失去这一基础,新闻传媒就如无本之木,无源之水。也可以说,广大受众是新闻传播的目的,以自身为目的传播对新闻传播来说是毫无意义的。

总之,受众最大化原则是新闻传播的内在要求,而且这一原则在新闻业务、新闻事业经营管理等诸多方面引起了一系列冲击。由此可以看出,受众最大化原则有着重要的作用和意义,因此,要求在新闻传播过程中一定要遵循这一重要原则。

第二节　新闻传播的功能与效果

一、新闻传播的功能

新闻传播具有显著的功能,概括来说,这些功能主要包括以下几方面。

(一)政治功能

新闻传播政治功能最主要地体现为政治宣传功能。在实践中,现代新闻事业大多是由政党机关创办、经营的,即使有的新闻媒介没有明确的政治上的归属,但它的所有者一定有自己的政治倾向,代表一定集团、组织、阶层的利益,这就使得现代新闻传播在进行信息的传播过程中,不可避免地会将政治宣传作为其重要功能之一。

(二)经济功能

新闻传播的触角伸到社会的每个角落,因而对社会经济的发展也有一定的作用。具体来说,新闻传播能够在一定程度上影响社会经济的发展,包括新闻传播会每日每时为社会公众提供大量经济信息、传播一些经济性评论以及宣传和阐述经济政策、分析经济形势的文章。与此同时,新闻产业本身是国民经济的一部分,以新闻传播为主要功能的新闻传播业如果能良性运行,对整个社会经济的发展都有带动作用。

(三)教育功能

新闻传播能够向受众传递正确的社会价值观,这就是新闻传播的教育功能。这一功能有广义和狭义之分。广义的教育功能指新闻传播所传播的内容是丰富多样的,它可以通过游戏的形式、娱乐化的内容来表现具有教育意义的事件;狭义的教育功能指新闻传播能够直接传授知识。

在现代化的社会当中,新闻传播的教育功能能够发挥很大的作用,不像古人传递信息基本是口口相传,现代媒体多元化的发展为新闻传播发挥教育功能提供了良好的平台。人们在媒体上学习知识的比例越来越大,使得许多没有机会接受正规学校教育的人们,都有了学习的机会,因此,受到了人们的欢迎。

(四)舆论功能

新闻传播具有相当大的舆论功能,这主要表现在以下几方面。

1.新闻传播能够反映社会舆论

新闻传播会引起公众对新闻事件中人物以及事件的关注,公众的关注度越高,所形成的意见和看法就会在短时间形成社会舆论。现代社会的舆论方式主要是通过新闻传播来传达的,当然,除此之外,还有其他的一些途径,包括在公开场合的演讲、静坐、呼口号、举抗议牌,等等。但主要的方式还是通过新闻传播传达意见,因此可以说新闻传播能够反映社会舆论。

2.新闻传播能够引发社会舆论

公众常会通过新闻传播来了解某些信息,在知道了某些事件后会对信息进行判断、比较、分析,然后形成自己的看法并发表意见。所以,新闻传播能够引发受众对某件事情的关注和讨论,最终形成社会舆论。

3.新闻传播能够影响和引导社会舆论

舆论在形成的过程中,也有正确和错误之分。在我国公众的言论是自由的,但是"自由"并不意味着没有限制,它也是在一定范围内的自由。公众的舆论同样如此,我们主张发表自己的意见和看法,新闻传播可以通过传播有选择性地刊登公众的意见,主动出击影响和引导社会舆论,使得媒体支持的意见迅速成为大多数人的意见,最终影响和引导社会舆论。

(五)培养社会角色功能

角色是个社会学概念,人们处于不同的角色要符合相应的角色规范。新闻传播社会角色培养方面的作用是非常明显的,这主要表现为新闻传播对角色的认知、角色的继续社会化、角色社会地位的授予具有重要影响。

(六)信息传递功能

传递信息是新闻传播最基本、最主要的功能。若新闻传播不能提供有用的信息的话,它就没有存在的必要。新闻传播传递信息的功能主要可以从两个角度来理解。

1.从新闻行业的角度理解

新闻传播从产生到形成一个行业,是社会发展的必然结果。随着生产力的提高,商品经济的快速发展,社会政治、经济、文化都发生了巨大的变化,人们需要在快速发展的社会中了解更多的信息,在这样的需求下,新闻传播也不断得到发展。在经济全球化的大背景下,世界各国的人民都被紧紧地联系在一起,发生在世界其他地方的事件有可能影响到我们本地的生产和生活。因此,我们不能只将眼光局限在周围,而是应该多关注发生在其他国家的一些大事,这就是所谓的信息需求。人们通过了解社会中的一些大事,对关系到自己生活、生产的工作能够及时进行调整,及时地掌握最新的信息,以更好地适应社会的发展。在当今社会,生产力水平大幅度提高,社会分工也更加精细,使得每个生产单位都不能盲目生产,必须在了解该行业、相关行业的整体状况的情况下才能有目的生产,所有这些都导致人们出现了对信息的强烈的需求。

2.从受众群众的角度理解

从受众群众的角度来看,信息的获取对他们自身的发展有着重要的意义,因为周围环境的改变会影响到他们的切身利益。一方面,受众是社会中的人,生活在广泛的社会联系中,每天的生活和各种各样的社会因素息息相关。他们需要了解国家的方针政策、政府制定的相关文件,使自己在国家法定的政治范围内活动;需要了解市场变化、股市行情、银行利息的变动信息,使自己的经济利益不受损失;需要了解天气变化,医疗情况,养生方式等,以提高自己的生活质量。另一方面,现代社会是一个快节奏的社会,人们每天忙于工作、生活,独立的空间相对较大,与他人之间的沟通交流不是太多。因此,人们对传播的信息的依赖性尤为严重。

(七)提供娱乐和社会服务功能

随着电视的普及和新闻传播内容的丰富多彩,越来越多的人可以通过新闻传播了解世界上各种各样的奇闻趣事、各国风土人情,新闻传播已逐渐成为人们消遣娱乐的重要途径。此外,新闻传播还同时为社会提供服务,如经济信息、天气预报等,满足了各界人士的需要。

值得注意的是,新闻传播除了有以上正功能外,也有负功能,有时,一则报道可以同时既有正功能又有负功能。受众接受的是正功能还是负功能,这主要由以下两个方面的因素决定。一是由传播者对新闻传播的社会功能的认识是否正确和对待生活的态度所决定的。二是由受众自身的世界观和对生活的态度所决定的。因此,新闻工作者的一项基本任务,就是要正确认识新闻传播的社会功能,使新闻传播避免或减少负功能的产生,充分发挥新闻传播的积极作用。

二、新闻传播的效果

新闻传播效果就是指新闻传播活动在受众和社会中产生的影响,这种影响的性质因判断标准不同而不同。

(一)新闻传播效果的类型

依据新闻传播效果的表现形式,可将新闻传播的效果分为显性效果和隐性效果。

1.显性效果

显性效果是一种效果显著,而且往往能引起社会再传播,产生连动效应的新闻传播效果,它是新闻传播直接追求的目标,一般以受众反应强烈、反馈多、直接引起社会广泛关注和相关事件的解决为标志。一般情况下,事件性新闻、问题性新闻、批评性新闻、重大新闻、传播力度大的新闻等都容易产生显性新闻传播效果。

2.隐性效果

隐性效果是一种间接的、潜在的传播效果,它一般难以用量化的指标加以衡量,而主要通过知识积累、对人的思想潜移默化的影响、对国家和社会发展的影响等因素对社会形成长期的、巨大的、不容忽视的影响。

(二)新闻传播效果的产生

从新闻受众的角度看,新闻传播效果的产生取决于新闻受众对新闻媒介的接触。而在这个过程中,受众对新闻信息的主动寻求至关重要,具体表现在以下两个方面。

1.新闻受众对新闻内容的寻求

新闻受众对新闻内容的寻求,具体来说包括以下两方面的内容。

(1)受众的选择性注意

所谓选择性注意,是指"人们在接受两条以上的信息的刺激时,不可能平均分配注意力,而总是将注意力指向特定的一个对象,离开其他的对象"[①]。

新闻受众在接收新闻信息时,也总是尽量注意或接触那些适合自己的需要、与自己的兴趣及观点相一致的新闻信息,而对那些不符合自己的需要,与自己的兴趣观点不太相干甚至相左的内容便尽力回避,或者将它们放在边缘的位置,甚至视而不见。实际上,这也是一个"要者优先"原则起作用的过程。这一点提示新闻传播者在新闻传播过程中,要力求传播者的"要者优先"原则与受众的"要者优先"原则吻合一致。

---

① 陈霖.新闻传播学概论[M].4 版.苏州:苏州大学出版社,2013:223.

（2）受众的选择性理解

受众在接收新闻信息的过程中，会根据自己的价值观念、社会背景、思维方式、认知水平对所接触到的新闻做出自己独特的解释。

受众的解释与传播者的期望之间有着复杂的关系，充满了多种可能性：有时候两者是一致的，有时候是背道而驰的；有时候接收者是顺从的，有时候则是抗拒的；有时候接收者重新建构新闻内容的主次轻重的秩序；有时候接收者更在意传播者未尽表达的东西。

受众的选择性理解，意味着接收了新闻也不一定意味着接受。在接触新闻之后，受众会根据自己的认识，对接触到的新闻进行归纳分析，做出各种价值判断。这时新闻信息所蕴含的意义可转变为受众自己经理解后形成的意义。在这个阶段，受众会调动自己储存的所有经验、知识参与理解活动，判断新闻信息的意义和价值。这时受众的理解与传播的意图或一致，或不一致甚至完全相反。如果受众的情绪情感的因素、文化知识水平以及观念立场等，与新闻信息的编码方式及其蕴含的立场、观念相去甚远，乃至相互抵触，那么受众就不可能真正接受新闻信息，新闻传播这时候就没有效果或者只有负效果。因此，从受众接收新闻信息到接受新闻信息、产生传播效果的过程，应该是传播者与受众互动共商、达成默契和共识的过程。只有那些穿过种种障碍，最终进入受众的大脑，被受众根据自身的情况重新"编辑"、加以解码的新闻信息，才能称得上是有效果的。这时候，受众完成了意义的转换，新闻信息被受众不同程度地理解和阐释，并对受众自身的认识、决策和行为等实践活动产生或隐或显、或远或近的影响。

2.新闻受众对新闻媒介的寻求

新闻受众对新闻媒介的寻求，具体来说包括以下两方面的内容。

（1）受众依据自己的经验选择一种媒介

受众依据自己的经验选择一种媒介,就是受众在面对多种媒介时,会根据以往所积累的经验,直接寻找某一特定媒介,以满足自己某一特定需要。这往往体现了受众对具体的栏目内容、形式的信赖、偏好甚至依赖。

(2)受众依据自己的爱好与意愿选择一种媒介

受众依据自己的爱好与意愿选择一种媒介,就是受众会从多种媒介中选择一种,按照个人的爱好与意愿,比较不同的新闻媒介,选出能满足自己需要的媒介去接收。媒介既可以指不同的物质载体,也可以指不同的新闻传播机构。

(三)新闻传播效果的特点

新闻传播效果位于传播过程的最后阶段,它是传播过程中诸多要素的集合作用,是受众接受信息后所产生的某种变化。因此,新闻传播的效果具有以下几方面的特点。

1.层次性

不同层次的受众通过新闻媒介获取新闻信息会产生不同的传播效果,这些效果有短期和长期之分、隐性和显性之别,同时效果的表现还有感知的、情绪的、行为的、知识的各种差异,因而新闻传播的效果具有层次性的特点。

2.累积性

新闻传播效果的形成是受众在对大量信息的经常接触中逐渐累积起来的,短期的、强大的效果一般是不易产生的,因而新闻传播的效果也具有累积性的特点。

3.恒常性

一般情况下,新闻传播的效果一经形成就不会轻易改变,受众一旦形成惯性就会抗拒某方面的信息干扰,因而新闻传播的效果也具有恒常性的特点。

4.内隐性

新闻传播效果产生于一系列的传播过程中,其核心部分以及效果的具体过程,都深藏于受众的内心深处,研究者对新闻传播效果的测评只能依据一定的方法和标准,因而新闻传播的效果也具有内隐性的特点。

(四)新闻传播效果的影响因素

新闻传播的效果会受到多方面因素的影响,其中较为重要的有以下几个。

1.传播者

在新闻传播效果的影响因素中,传播者是十分重要的一个。一般来说,新闻传播者主要由新闻事业的主办者、新闻传播活动的组织者和新闻媒介的经营者构成。

(1)新闻事业的主办者

新闻事业的主办者一般是新闻体制和政策的制定者,而新闻体制和新闻政策对新闻传播的效果起着主导作用。

如果新闻体制和政策偏差,要求新闻传播大面积地取得良好传播效果就比较难。另外,主办者的权威性也是影响新闻传播效果的重要方面。

(2)新闻传播活动的组织者

新闻传播活动的组织者,主要指从媒介总编、台长到普通采编人员这些新闻传播的直接操作者,他们的工作质量如何直接影响着传播效果。

(3)新闻媒介的经营者

新闻媒介的经营者指的是新闻媒介的广告、发行等人员。这些人对新闻传播效果的影响是间接的,但也确确实实地存在。一般来说,新闻媒介经营者的活动可以为传媒提供物质基础,如新闻工作者待遇高,传播活动所需的设备先进等,都是取得较好传播效果的必备条件。

2.受传者

受传者是新闻传播效果最权威的评价者,会对新闻传播的效果产生多方面的影响。具体来说,受传者对新闻传播效果的影响主要表现在以下几个方面。

第一,受传者的个人特征不同,传播效果不同。

第二,受传者的需要不同,传播效果不同。

第三,受传者的选择性注意、理解与记忆等会对传播效果产生一定的影响。

第四,受众对新闻传播的参与程度会影响到传播的效果,即受众直接参与新闻传播活动,新闻传播效果有明显提高。

3.传播媒介

媒介是新闻能进行传播的载体,其对新闻传播效果的影响主要表现在以下两个方面。

第一,媒介的特性会影响到传播的效果。电视、报纸、广播、网络、手机等媒体都有不同的特点,因而即使是相同的新闻事件也会产生不同的传播效果。

第二,信道质量会影响到传播的效果。比如,若某电视新闻节目在播出时受到干扰,满是雪花点,或某条新闻在印刷时都是重影,受众根本无法收看和阅读,即使内容丰富,表现技巧高超,都无济于事。

4.传播内容

传播内容是决定新闻传播效果的最本质的因素,传播者和受传者因素绝大多数是通过传播内容来实现的。因此,传播内容的选择必须要遵循新闻传播价值标准。

5.社会环境

影响新闻传播效果的社会环境因素,具体包括以下几方面。

（1）经济环境

新闻传播的事实选择和观念要同社会经济能力相适应，与人民的实际经济水平相适应，否则传播效果就不好。从这一角度来说，新闻传播的效果会受到经济环境的影响。

（2）政治环境

新闻传播本身具有意识形态性，新闻媒介是社会舆论工具，因此政治环境对新闻传播效果会产生重大影响。而且，新闻传播要取得好的效果，要求有相对开放、民主的政治环境。

（3）文化环境

任何国家和地区都有自己的文化传统、风俗习惯、宗教信仰等，新闻传播只有与其相符合才能取得良好的传播效果。也就是说，文化环境会影响到新闻传播的效果。

第三节　新闻传播的模式与过程

一、新闻传播的模式

从总体上看，新闻传播的模式主要包括循环模式、线性模式、社会系统模式。

（一）循环模式

控制论之父诺·维纳于 1948 年发表了《控制论或关于在动物和机器中控制和通讯的科学》，创立了控制论，而控制论中的反馈论则对新闻传播研究产生了影响，研究者们引进了控制论中的反馈论，从而打破了新闻传播过程的线性模式，创造出了新闻传播过程的循环模式。循环模式的类型很多，最具代表性的主要有德弗勒模式和奥斯古德—施拉姆模式。

1.德弗勒模式

德弗勒模式是美国传播学家梅尔文·德弗勒在发展申农—韦弗模式的基础上提出的,他在《大众传播理论》一书中提出了新闻传播的互动过程模式(图 2-1),这个模式克服了前者单向直线的缺点,增加了反馈的要素,更符合人类新闻传播互动的特点。

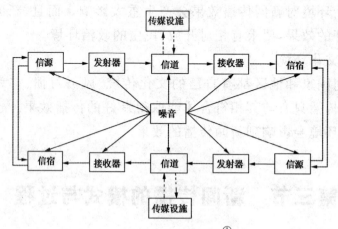

图 2-1 德弗勒模式①

通过对该模式的分析可以发现,在德弗勒看来,新闻传播的过程中,首先,噪音会对讯息和讯息的传达与反馈过程中的每一个环节或要素都产生影响;其次,如果发信号者发出的信息和收信号者接收的信息含义是一致的,那么就是传通。而德弗勒对新闻传播的这两点认知无疑是对新闻传播过程的线性模式的一种超越和进步,他通过将反馈引入新闻传播过程,大大增强了人们对新闻传播过程的认知。但这种模式仍属于一种"有理想化、简单化"的认知,它对人类传播的构成要素的复杂性反映不够。

2.奥斯古德—施拉姆模式

奥斯古德—施拉姆模式由 C.E.奥斯古德首创,1954 年,施拉姆在《传播是怎样运行的》一文中,在 C.E.奥斯古德的观点启发

---

① 郝雨.新闻传播学概论[M].上海:上海交通大学出版社,2017:37.

的基础上，提出了一个高度循环的过程模式，称为"循环模式"（图2-2）。

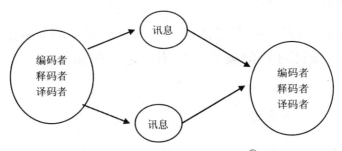

图2-2　奥斯古德—施拉姆模式①

奥斯古德—施拉姆模式的出现打破了传统的直线单向模式一统天下的局面，强调了新闻传播的互动性，并把新闻传播双方都看作传播行为的主体，这无疑是正确的，这也显示了这个模式的先进性，具体来说，其先进性主要表现在以下两方面。

第一，这个模式中信息的传播、分享和反映的过程是往复循环、持续不断的。

第二，这个模式强调传受双方的相互转化。这里没有严格的传播者和受传者的概念，传播者既制成和解释符号，也还原符号；受传者也是如此。受传双方在互相交替扮演译码者、释码者和编码者的角色，行使相同的功能。

从这两方面可以看出，奥斯古德—施拉姆模式相比以往的线性模式是有所发展和进步的。但这个模式也有其本身的缺陷，这些缺陷主要表现在以下三个方面。

第一，这个模式容易引起误解，以为新闻传播经过循环又回到原点。

第二，这个模式虽然能够较好地体现新闻传播尤其是面对面传播的特点，对大众传播过程却不能适用。

第三，这个模式未能区分传受双方的地位差别，把新闻传播双方放在完全对等或平等的关系中，则与社会传播的现实情况

---

① 彭菊华.新闻学原理[M].2版.北京:中国传媒大学出版社,2014:95.

不符。

(二)线性模式

新闻传播的过程在线性模式中是单向流动的。最能体现新闻传播的线性过程的模式主要有申农—韦弗模式和拉斯韦尔模式。

1.申农—韦弗模式

申农—韦弗模式(图 2-3)由信息论创始人、数学家申农与韦弗提出,他们在《传播的数学理论》一文中提出了新闻传播的这个模式,为后来的许多新闻传播过程模式打下了基础,并且引起人们对从技术角度进行传播研究的重视。

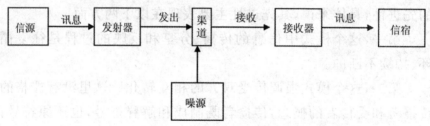

图 2-3 申农—韦弗模式[①]

申农—韦弗模式的提出为新闻传播过程的研究提供了新的启发,它将实际的传播过程中传者和受众之间的传受信息的偏差性更加形象地表现了出来,虽然他们仅将造成这种偏差性的原因归结于噪音身上,但却表明了传播不是在封闭的真空中进行的,传播过程内外的各种障碍因素会形成对讯息的干扰。

2.拉斯韦尔模式

拉斯韦尔模式是由美国学者 H. 拉斯韦尔提出的,他在《传播在社会中的结构与功能》一文中,提出了构成新闻传播过程的五种基本要素——Who(谁)、Says what(说什么)、in which channel

---

① 王淑娟.传播学理论与实践[M].北京:中国广播电视出版社,2005:96.

（通过什么渠道）、to whom（对谁说）、With what effect（有什么效果），由于这五个问题的疑问代词的第一个字母是 W，人们称之为"五 W 模式"或"拉斯韦尔模式"。后来，英国传播学家 D. 麦奎尔等将这个模式做成图示（图 2-4）。

图 2-4 斯韦尔模式

拉斯韦尔模式首次较为详尽地分解了新闻传播的过程，将新闻传播的过程分解为五个环节，而这五个环节的提出也为日后新闻传播的五大领域及"控制研究""内容分析""媒介分析""受众分析"和"效果分析"（图 2-5）的形成奠定了基础。

图 2-5 新闻传播的五大领域

总体来说，以拉斯韦尔模式、申农—韦弗模式为代表的线性的传播过程模式给新闻传播学研究的启发很大，在新闻传播学史上，第一次比较详细、科学地分解了新闻传播的过程，第一次为传播学搭建了一个比较完整、全面的理论构架，从而使传播学的最终确立成为可能。

需要注意的是，这种线性的传播过程模式被表述为一种起于一点、止于一点的直线型、单向型的过程。看不到受者的反馈，也看不到其他各个要素之间的相互作用。

（三）社会系统模式

社会系统模式是一种运用系统论的原理和方法来考察新闻传播的模式，它在线性模式的单向、静态过程描述和循环模式的双向反馈之后，从整体社会环境系统来对新闻传播的过程进行研究，从而更宏观地、系统地描述了传播的双向、动态过程。社会系统模式的类型很多，最具代表性的主要有赖利夫妇的系统模式和马莱兹克的系统模式。

1.赖利夫妇的系统模式

赖利夫妇的系统模式是由美国一对从事社会学研究的夫妇 J. W.赖利和 M. W.赖利提出的,他们在《大众传播与社会系统》一文中,从社会学的角度重新构建了新闻传播的系统模式(图2-6)。

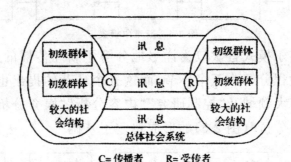

C=传播者　　R=受传者

图2-6　赖利夫妇的系统模式①

从这个模式中可以看出,新闻传播的过程被看作庞杂的社会系统的一个子系统,新闻传播系统的各种类型,包括微观的、中观的和宏观的系统,每个系统既具有相对的独立性,又与其他系统处于普遍联系和相互作用之中。赖利夫妇这一模式的提出意义极为深远,并更多地对社会系统的整体环境加以研究,将新闻传播过程放到整个社会系统运行的大框架中去把握。因此,这一模式开启了大众传播研究的新局面。

2.马莱兹克的系统模式

马莱兹克的系统模式由德国学者马莱兹克提出,马莱兹克在《大众传播心理学》一书中提出,大众传播过程是一个由众多因素构成的复杂的社会过程(图2-7)。

---

①　许静.传播学概论[M].2版.北京:北京交通大学出版社,2013:17

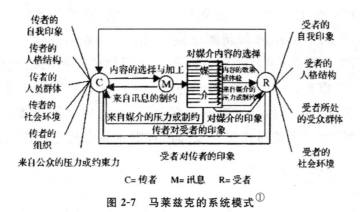

C= 传者 M= 讯息 R= 受者

图 2-7 马莱兹克的系统模式[①]

马莱兹克的系统模式是对此前从社会心理学角度研究大众传播的总结,较以往的研究更为系统、全面。该模式提醒研究者评价任何一种传播活动,解释任何一个传播过程即便是单一过程的结果,都必须对涉及该活动或过程的各种因素或影响力进行全面的、系统的分析。

二、新闻传播的过程

新闻传播需要一个过程,这是一个有序的运动过程。某一条新闻的传播,其起点是客观存在的新闻事实,终点是受众接受新闻信息并对信息进行反馈,其间要经过若干个先后有序的环节。新闻传播的过程,简而言之可以划分为选择事实阶段、转换事实阶段、信息接受阶段和信息反馈阶段四个阶段。

(一)选择事实阶段

新闻传播的起点是事实。事实原型即社会生活中不断产生和变动的各种各样的情况。事实是无限丰富的,应有尽有。然而,并非所有事实、任何事实都可以进入新闻传播领域。于是,在新闻传播过程之始,先由传播者对事实进行过滤,选取一些事实,舍弃一些事实。这就是新闻传播过程的第一阶段。在这个阶段,

① 郝雨.新闻传播学概论[M].上海:上海交通大学出版社,2017:41.

传播者对社会生活进行全面深入的调查采访,仔细反复地分析比较,根据新闻价值原理和新闻法规等,对客观事实进行一次又一次筛选,步步递进,最后确定可以而且应当付诸传播的新闻事实,即新鲜的、重要的、典型的、受众感兴趣的、具有个性特点和具体生动的事实。选择新闻事实的工作,参与传播的全体传播者都要担负职责,处于采访写作第一线的记者则在其中起主要作用。

(二)转换事实阶段

选择好要传播的事实之后,新闻传播活动进入第二个阶段——转换事实,即把新闻事实变成新闻成品。新闻成品就是经过报纸刊出或广播电视播出的新闻,即受众看到的文字、图像或听到的声音。在新闻传播过程中,当传播者确定予以传播的新闻事实之后,便把它写(制)作成新闻稿(片),亦即让它变成符号或图像、声音,再通过某种工具传播出去。在现代新闻传播中,由新闻事实到新闻成品,由参与传播的全体传播者共同完成,是传播者运用物质手段完成的。

(三)信息接受阶段

将事实转换为新闻成品之后,新闻传播活动进入第三个阶段,即信息接受。这个阶段实际包含两个环节。第一个环节是传递。传媒把新闻成品传递给受众,使受众通过耳目感知,看到或听到新闻。第二个环节是受众的接受。受众视听新闻成品后,了解和理解新闻所装载的信息,接受他想接受和能够接受的部分,新闻产生相应的效益,实现其新闻价值。

(四)信息反馈阶段

传播学中的反馈,简言之,即受众把自己的视听反应回送给传者的行为及过程,或传者获知受众视听反应的过程[①]。受众作

---

① 彭菊华.新闻学原理[M].2版.北京:中国传媒大学出版社,2014:94.

为新闻传播的要素不可或缺,受众对信息的接受于新闻传播过程不可以没有,这就明确地规定了,真正的新闻传播,不会没有反馈这一环节。事实正是这样,完整意义上的新闻传播,其某一相对独立的行为过程,即某一新闻事实的传受过程,总是有传递有反馈,传递在前,反馈在后,反馈如影随形紧接着传递而发生,它们相互依存,相互作用,既联系传者与受众,使传播活动成为一种双向传递的互动现象,又协调传者与受众,使一个传播过程得以由始至终。

反馈在整个新闻传播中起纽带和关键的作用。整个新闻传播,乃是一个个相对独立的传播行为的连接与延续,由一个相对独立的过程到另一个相对独立的过程,周而复始,从不中断,于是构成整个新闻传播的长河。这条长河不是无序散乱的,而是有次序成系统的,前一个过程要开启后一个过程,后一个过程要承接前一个过程。反馈,正是保证新闻传播的次序的重要因素与手段。在新闻传播中,传播者研究借鉴前一行为过程的得失,通过受众研究、效果研究、民意测验等方式,获得准确的信息反馈,并据之调整和改变传播的内容与方式,扬长避短,去其不适,从而确保新闻传播达到预期的效果,前后一以贯之。

第三章　融媒时代新闻传播的受众研究

融媒时代新闻传播的受众在新闻媒介信息的传递过程中具有指向性和目标性的作用,而且是对新闻传播活动的效果进行衡量的一个重要标准。本章即对融媒时代新闻传播受众的相关知识进行简要阐述。

第一节　新闻受众的内涵

一、新闻受众的含义

新闻受众指接受新闻信息的人,因接触媒介的不同而通常被称为读者、听众、观众①。对于新闻媒介的所有者及新闻信息的制作者和传播者来说,谁在阅读、收听、收看新闻信息,是他们最为关心的问题,这个"谁"就是受众。受众是新闻媒介信息传递过程的指向和目标。受众从新闻媒介获取信息,并对信息进行评价,继而向新闻信息传播者做出某种形式的反馈。信息到达受众之后,可能会引起受众在认知、态度和行为等层面的变化。新闻媒介传播活动的效果如何,主要是通过受众的反馈来衡量。

新闻受众是个涵盖面相当广、容量很大的概念,必须注意以下两个问题。首先,新闻受众是个集合概念,是"众",有别于新闻信息

---

① 程世寿,胡继明.新闻社会学概论[M].北京:新华出版社,1997:102.

接受个体,而这个集体量大质异;其次,习惯上被称为读者、听众、观众的受众,常常有重组、叠加的情况,例如,通过多媒体接受新闻信息的受众,就很难说是纯粹的读者、听众或观众,所以不能简单地用读者、听众、观众来替代这个概念,而要考虑具体情况。[①]

二、新闻受众的分类

根据不同的标准,可以将新闻受众分为以下几类。

(一)根据接触媒介的类别进行分类

根据接触媒介的类别,可以划分为报纸读者、广播听众、电视观众以及现代社会的网络受众。但是,这几类媒介的受众并不是截然分开的,很可能彼此交叉,同一个受众,可能既是报纸读者,又是电视观众、网络受众等。[②]

(二)根据主导动机的不同进行分类

根据主导动机的不同,可以将受众分为以下两大类。

1.感性受众

感性受众是以满足情感上的需要为主导动机的受众。这类受众关注新闻传播主要是为了消遣娱乐,放松心情,调节生活,他们较为关注的内容多是自己感兴趣的信息,比如富有趣味的社会新闻、科技新闻、体育新闻以及娱乐新闻等,主要目的是为了娱乐,以获得情感上的宣泄。

2.理性受众

理性受众主要是为了获取信息,了解客观世界的变化,并较为关注国内外的形势,国家的方针、政策,社会环境的变化以及经

---

①　程世寿,刘洁.现代新闻传播学[M].武汉:华中理工大学出版社,2000:173.
②　林凌,濮端华,张帆.新闻学概论[M].北京:化学工业出版社,2011:144.

济的发展等。就不同属性的新闻来说,对硬新闻的关注较多。

(三)根据媒体稳定占有受众的规模进行分类

根据媒体稳定占有受众的规模,可以将受众分为以下两大类。

1.广众

广众是人数众多的、长期收阅某个媒体(包括频道、节目)的受众群,一般在 25 万人以上。

2.小众

小众是指长期收阅某个媒体的少量受众,一般在 25 万人以下。

根据此界定,大众阅览、视听的媒体叫广众媒体,比如大众经常收听、收看的媒体。而小众阅览和视听的媒体叫小众媒体,若干小众媒体又称分众媒体,简单来说,就是面向特定的受众族群的媒体。随着受众的细分,这部分群体可能恰好是某些产品或品牌的领先消费群或重度消费群,因此可以说,现在受众群体的划分越来越细化。

(四)根据接触媒介的确定性进行分类

根据接触媒介的确定性,可以将受众分为现实受众与潜在受众[①]。一般来说,尚未接触全部或部分新闻传播媒介的人属于潜在受众,即目前无任何受传行为但是一定程度上具备了成为媒介受众的可能。社会的发展导致人们所处的社会环境、社会条件发生了变化,新闻传播业的目标就是要尽量把这些潜在的受众最大限度地改变成现实受众。由于这些条件的创造可能需要较长的时间,潜在受众产生行为也可能在不一样的时间,因此需要每一

---

① 李良荣.新闻学概论[M].5 版.上海:复旦大学出版社,2014:257

种传媒在其确定潜在受众人数时,根据不同的时间来制定不同的受众策略,以便更有利于展开工作。当条件具备时,潜在受众成为现实受众,即坚持接触和利用新闻媒介的人是新闻传播媒介的现实受众。现在传媒的任务是既要争取发现潜在受众,又要拥有较多的现实受众。毕竟,一个媒体是否办得好,还应看现实受众的人数。

(五)根据接触媒介的机会进行分类

根据接触媒介的机会,可以将受众分为以下两大类。

1.随机受众

随机受众是指不固定受阅某个媒体的人,即为不固定地、偶尔地选择该媒体。

2.目标受众

目标受众是指经常接触某个媒体的固定受众,媒体传播的长期对象或是媒体稳定的受众群。

总体来说,受众的收看、收听兴趣并不是一成不变的,因此,要想顺利地进行传播,就要了解受众的收视习惯,保持目标受众,吸引随机受众。

三、新闻受众的特点

在当前的竞争环境下,媒介已经清楚地认识到,谁能赢得受众,谁的影响力就大,谁就能实现社会效益和经济效益的最大化。为此,受众不仅受到了传播者的重视,也成为媒介追寻的对象。在制定传播策略、确定传播内容及传播形式时,受众的特点,成为媒介发展所要考虑的要素之一。概括来说,新闻受众的特点主要包括以下几方面。

(一)自由性

新闻受众自由性的特点主要表现在以下几方面。

第一,新闻受众对于媒介的选择和内容的选择是自由随意的,可以今天热衷于这种媒介,明天又尝试另外一种媒介。

第二,新闻受众和新闻媒介之间处于相对隔绝的状态,他们之间既没有接受协议,也没有相关的接受准则,因此受众不受新闻媒介的限制。

第三,由读者、听众、观众和网民组成的新闻受众群体是无组织的,结构很松散,所以新闻传播者对受众没有任何约束力和强制力,受众进入或退出传播活动都是完全自由和随机的。

(二)隐匿性

在新闻传播过程中,新闻传播者与新闻受众不管是在时间还是空间上都是分离的,很少有直接的联系。即使新闻传播者可以从反馈信息中了解自己特定受众群的心理倾向和行为特征,但也不可能知道受众的具体情况。因此,新闻传播的传、受双方的关系是间接的和不确定的,他们处于相互隐匿的状态。不仅传播者与受众之间是这样,受众和受众之间也可能是素不相识,互不知晓的。[1]

(三)众多性

新闻传播是面向全体社会公众的传播活动,因而社会中的所有成员,无论种族、性别、年龄、职业、文化层次,只要使用新闻传播媒介就自动成为新闻受众。[2] 尤其是进入电子媒介时代后,只要是无线电波和电缆所到之处的人群都能方便地接收新闻。可见,新闻受众的数量是极其巨大的。即使就某一种新闻媒介的受众来说,数量也是惊人的。

---

[1] 林凌,濮端华,张帆.新闻学概论[M].北京:化学工业出版社,2011:143.
[2] 胡学亮.简明传播学[M].北京:知识产权出版社,2014:118.

(四)混杂性

由于新闻受众数量巨大,因而其不可避免地会具有混杂性的特征。新闻受众分布在社会的各个阶层、各个地域,具有不同的年龄、性格、文化程度、经济状况、宗教信仰、职业、兴趣、爱好和习惯等特征。这种混杂性特征就使得任何一种新闻媒介都不可能同时满足所有受众的需要,因此只能是根据自身特点和市场定位去寻找一些特殊群体的受众,有针对性地传播新闻内容。①

(五)能动性

新闻受众具有能动性。这主要表现在以下几个方面。

第一,受众有强烈的自主意识、创造意识、自尊心理和自己对新闻信息的理解与判断,并不会轻易被传播者所任意左右或支配。

第二,受众会自主自愿地根据自己的兴趣、需要、动机、态度和意志选择新闻传播媒介和新闻信息内容。

第三,受众不再只是呆板地接受新闻信息,而往往对新闻信息具有一定的态度,会根据自己的意识来判断或确定是否运用获得的新闻信息来指导自己的实践行动。

第四,受众除了是信息的接受者外,也是新闻信息的生产者、传播者。他们能够参与到新闻传播活动中自主地发布一些新闻信息,或是与专业新闻记者一起完成新闻的报道。

四、新闻受众的作用

(一)对新闻传媒的风格具有重要影响

媒体风格是一家媒体的报道传统以及栏目、版面和语言风格

---

① 林凌,濮端华,张帆.新闻学概论[M].北京:化学工业出版社,2011:143.

特点的统称。它是一家媒体按照自身预设的社会与市场定位,根据受众的实际需要,不断调整和改进自己的传播方式和行为作风,经过长期的日积月累所形成的。一家媒体的风格特点一旦形成,并被社会和公众认可与肯定,相对就会具有一定的稳定性。比如我国传统的三大晚报都个性鲜明:《北京晚报》具有京派文化典型的典雅、庄重、厚实的风格;《新民晚报》具有海派文化典型的实用、精致、活泼的风格;《羊城晚报》则很好地体现了岭南文化的创新精神。受众影响媒体风格形成的具体表现,就是受众对某一媒体阅读(收听、收视)习惯和购买行为的形成,以及由此产生的对这一媒体表示认可的心理定式。

(二)对传播内容的选择取向具有决定性作用

受众总体和经过新闻传媒定位的新闻受众,反过来构成对新闻传媒的刚性制约,受众必定影响新闻传媒的编辑方针,新闻传媒必须根据受众即刻的新闻信息需求来报道新闻。受众总是通过对新闻报道的或取或舍,通过对新闻传播或认可或抵制的态度表示,实际影响新闻媒介对新闻内容的取向。

受众对传播内容选择取向的影响,主要是通过向传播者提供"前馈信息"和"反馈信息"来实现的。"前馈信息"是指受众对信息传播表示预期性要求的信息。它通常由传播者在信息传播开始之前,通过调查方式进行征集。受众提供的前馈信息,对于传播者了解受众对传播的心理需求和实际需要,并根据调查结果来制定传播方案和传播策略,确定传播内容、传播形式和传播方式,都会产生重要影响。"反馈信息"是指受众对新闻传播效果做出反应的信息。它是受众作为信息逆向传播的主体,对于正向传播所接受的事实信息的意见表达和反映。新闻媒介根据受众提供的反馈信息,可以调整传播内容、传播形式和传播方法。受众对所接受的新闻事实信息有何看法、意见、建议和要求,还可以通过热线电话、短信留言等形式主动向传播者反映。

受众提供的反馈信息,对于传播者据此调整以后的传播内容、传播形式和传播方式具有重要作用。受众对所接受到的新闻事实信息有何看法、意见、建议和要求，可以主动向传播者反映。而新闻媒体则会根据受众的反馈意见，适时调整和改进自己的传播内容及其他各项服务。

网络媒体出现以后，互联网传播所拥有的便利条件，使得受众能够更加便捷、自由地表达自己对于媒体传播的反馈意见。这是一种具有重大意义的变化。因为它从根本上改变了过去受众作为信息传播接受者，缺少对传播过程的主动参与的被动状况，真正掌握了作为传播过程的"双主体"之一在传播中的主动权。

（三）对新闻传播的变革和创新具有强大推动力

凡新闻传媒不可能一成不变，新闻传媒总是需要不断变革。来自新闻受众需求的变化对于新闻传媒的变革和创新，既是动力，又是依据和指南。跟着新闻受众的要求向前走，从来就是新闻传媒弃旧图新、扬长避短的秘诀。因为世界和客观环境会发生种种变化，新闻传播在经常变化，所以，受众的需求和意见总是动态的、变化的。受众会适时对新闻传媒提出种种变革的要求，并发表具体的意见，甚至用遥控器"投票"，由此推动新闻传媒适时调整新闻传播的内容与形式。

（四）对传播主体的工作具有评价监督权

对传播者的传播行为，对信息传播的整个过程及效果进行检验、评价和监督，是保证新闻传播能够顺利进行，并且不断提高质量和水平的重要条件。从根本上，这是由受众说了算的。受众认可，评价说好，才能算真的好。否则，受众就会对该媒体的新闻传播活动进行抵制和排斥，致使其传播过程受阻，达不到传播者预期目标和效果。长此以往，这家媒体就会失去受众市场，失去生存与发展的前提与条件。由此可见，受众对新闻传播行为及传播效果的监督评价权是极其重要的。受众对新闻媒介最常见、最权威的评价就是考察媒介的接触程度，如报纸的发行量、电台节目的收听率、电视节目的收视率、互联网新闻的点击率等。

受众在新闻传播过程中的这些重要作用,从一定意义上来说,决定着传播效果的成败。因此,发挥受众的主观能动性,使他们在新闻传播过程中能够积极支持配合新闻媒体,主动参与新闻传播活动,便成为新闻传播过程中的一个重要环节。

五、新闻受众的角色

(一)媒介信息的解读者

信息从其传播的过程来看,需要传播者在经过编码后,以符号为载体将其传送给受众,而受众在接收到符号后,需要对符号进行解读,进而获得信息。受众在对符号进行解读时,不仅能将符号的明示性意义解读出来,而且能将符号的暗示性意义解读出来,在某些时候甚至赋予符号以新的意义。而且,受众对符号的解读结果,可能符合传播者的意图,也可能违背传播者的意图。

通常来说,受众对信息的解读,会受到特定的语境、特定的情境、社会文化因素以及个体心理、价值观等的影响,因而不同的受众会对相同的信息产生不同的解读。举例来说,在对一则关于留守儿童的新闻进行解读时,有的受众可能会对留守儿童的境遇表示同情和难过,而有的受众可能会进一步看到留守儿童背后所隐藏的深层问题。很显然,两者对相同的信息有着不同层次的解读,前者是表面层次的,后者则是深层次的,对事件的本质有所触及。

为了使受众能够更加全面、准确地对信息进行解读,进而提高信息传播的效果,信息传播者应尽可能提供多角度、多层面、多来源的信息。另外,受众也要在平时注意积累与日常的媒介接触的经验,以形成较为全面的视角来看待信息,进而得出较为客观的结论。

(二)新闻媒介产品的消费者

新闻受众面对的是具体的新闻媒介产品,如一份报纸、一本新闻期刊、一档电视(广播)节目。在很多情况下,他们是通过支付一定的费用来获得媒介产品,从而实现阅读、收听、收看新闻媒介内容的目的。实际上,这一行为就属于消费行为。因此,新闻受众担当着新闻媒介产品的消费者角色。这是从市场角度考察与研究所得的结论。

影响受众对新闻媒介产品的消费行为的因素是多种多样的,既有受众自身的因素,也有社会因素。从受众自身来看,其选择消费某一新闻媒介产品,可能是出于对新闻信息的快速、准确、深度的需求,也可能是出于娱乐消遣、放松情绪的需求。从社会因素来看,受众选择消费某一媒介产品,主要源于以下三个方面。

第一,受众选择消费某一媒介产品是一种社会交往和自我确认的行为,通过接触某一新闻媒介能够融入社会交往圈子,实现某种价值强化。

第二,新闻媒介自身的宣传以及新闻媒介的包装状况会影响受众对新闻媒介产品的选择。从大的方面来讲,影响受众的选择主要是新闻媒介的社会形象,即新闻媒介的知名度和美誉度,以及媒介的品牌定位;从小的方面来讲,媒介对自身特定产品的介绍和推荐会影响受众的选择,如一份报纸的头版设计得十分吸引人,或是一个网站具有独家的新闻内容,往往就会吸引很多受众。

第三,某一特定时期的社会舆论也会影响受众消费媒介产品的行为。例如,当大的灾难发生,或是社会结构发生某种变化时,会有更多的人关注新闻媒介,获得相关的信息。这就是舆论效应。

将受众定位为"消费者"角色,能够促使新闻媒介经营者积极地参与媒介的激烈竞争,产生危机意识,并从受众的需求出发,制作和传播满足受众需求的新闻媒介产品。值得注意的是,新闻媒介经营者也要以理性的态度去对待受众的消费行为,不能只追求市场占有率和利润,一味地迎合受众的某些低级趣味,从而降低媒介的品质,误导社会舆论,忽略公共服务的使命。

(三)新闻传播的积极参与者

受众在对媒介的信息进行接受时并不是完全被动的,而且是有一定的主动性,是新闻传播的积极参与者。

1.受众参与新闻传播的类型

受众参与新闻传播的类型,具体来说有以下几种。

(1)支配性参与

所谓支配性参与,就是受众对新闻传播活动的方向、进程等进行决定与控制。也就是说,受众成为新闻传播活动真正的支配者与指挥者,而且会最大程度地对新闻传播活动产生影响。对于受众参与新闻传播来说,这是一种较深层的参与形式。

(2)旁观性参与

所谓旁观性参与,就是受众对待新闻传播活动采用旁观者的身份,既不品头论足,也无反馈。对于受众参与新闻传播来说,这是一种最浅层的参与形式。

(3)合作性参与

所谓合作性参与,就是受众作为一个传播要素和独立角色参与到新闻传播活动进程中的方式。这时,受众不再冷眼旁观,而是以自己独特的身份参与进来,使传播活动因为受众的参与和表达,具有更丰富的内涵。对于受众参与新闻传播来说,这是一种中度的参与形式。

2.受众参与新闻传播的方式

受众参与新闻传播的方式,具体来说有以下几个。

第一,在对新闻媒体的信息接收之后,通过传统信件、电话、E-mail等对自己的看法、意见、建议等进行反馈。

第二,对新闻媒介的传播活动进行直接参与。

第三,提供新闻线索或是新闻素材给新闻媒介。

第四,为新闻媒介提供意见性信息或是新闻评论。

第五,接受新闻媒介的调查,为新闻媒介传播策略的制定提供一定的现实依据。

3.受众参与新闻传播的特点

受众参与新闻传播具有一定的特点,具体来说这些特点主要包括以下几方面。

(1)贴近性

受众在对新闻传播活动进行主动参与时,所关注的话题几乎都是与自身生活密切相关的。这使得新闻传播活动更加与实际相符合,也更加与受众的心理想接近。

(2)互动性

随着公众主动参与到新闻传播活动中来,新闻传播媒介与受众之间逐渐建立起了一种双向甚至是多向的信息交流和反馈机制。特别是进入网络时代后,受众可以更加便捷地主动参与到新闻传播过程中,并且可以把他们的所思、所想、所愿及时有效地反馈出来,从而提升受众对新闻信息的关注度,扩展受众对新闻制作与传播过程的兴趣,这也充分体现出受众参与新闻传播的互动性特点。

(3)可读(视)性

人们在长期的生活中,对新闻报道形成了一定的偏见,如可读性不强、流于生硬说教、形式老套等。直到受众逐渐参与到新闻传播活动中,才使得新闻报道日益形成了多样化的形式,也大大增强了可读(视)性。

(4)服务性

新闻传播从其本质上来说,是服务于广大人民群众的生产与生活的。但是,新闻媒介在长期以来过于重视新闻的指导性和引导性,而忽略了新闻的实用性与服务性,从而导致新闻媒介离人民大众的生活越来越远。直到受众逐渐参与到新闻传播活动中来,这种状况才有所转变。而且新闻媒介只有真正具有了服务意识,才能更好地服务公众、赢得公众,进而在激烈的新闻媒介竞争中获得胜利。

第二节 融媒时代新闻受众的理论分析

随着融媒时代的到来,麦奎尔在《受众分析》中提出了三种受众研究,即行为性受众研究、结构性受众研究、社会文化性受众研究[①],下面主要在这三种理论研究的基础上,对融媒时代新闻受众研究表现出的新特点等进行分析。

一、行为性受众研究

行为性受众研究是预测受众行为的另一种方式,它能够通过对受众的媒介选择、使用、意见等进行考察,了解媒介的影响,进而为传播提供参考。行为性受众研究中较有名的是使用与满足的研究,卡茨于 1974 年提出了理论假设,"认为受众具有社会和心理根源的需求,引起对大众媒介或其他信源的期望,导致媒介披露的不同形式,最后导致需求的满足以及其他无意的效果。"

使用与满足理论是新媒体环境下受众理论研究的重要方面,在对互联网的受众研究中,许多学者都对使用与满足理论进行了借鉴,通过对网络媒体的使用,"网民满足缓解焦虑的需求、满足获取信息的需求、满足情感交流的需求、满足自我实现的需求、满足主导的心理需求、满足工具的需求、满足慎议的需求等",而青少年通过对新媒体的使用,可以获得平等参与的满足、"个性化"的满足、"共享"的满足等。

---

① ［英］麦奎尔.受众分析［M］.刘燕南,等译.北京:中国人民大学出版社,2006:21.

互联网和手机等新媒体为用户提供了自主的选择空间,因此新媒体的传播者要对受众的选择和使用进行分析,以便对受众的喜好有一个更好的把握,进而对受众的行为进行预测,使他们的传播内容受到欢迎。

虽然在新媒体的行为性受众研究中,使用与满足研究具有可取之处,但仍存在一些问题,它并没有对人类动机的复杂性和隐蔽性进行分析,可行性较差。

二、结构性受众研究

结构性受众研究是整个受众研究领域中最成熟的一部分,视听率调查在受众中占据着主要的地位。

在被新媒体包围的今天,只对电视和广播等传统媒体进行受众调查已不能满足当今受众调查的需要,众多网站经营者、手机内容运营商等新媒体传播者同样需要了解它们所面对的受众的信息,所以一些新的专门针对新媒体进行数据调查的公司应运而生。

与传统的视听率调查相比,新媒体的调查有着更先进的技术,传统的大众媒介受众调查由于受到条件的限制,只能进行抽查,另外,由于大众媒介受众本身具有多、杂、散、匿的特点,传播者通常只能对部分受众的喜好有一个大致的了解,而新媒体调查则更全面、更准确,如手机调查,它往往能了解到大多数用户的真实信息,同时可以根据用户的使用情况进行有针对性的营销。

由于结构性受众调查与媒介产业具有密切的联系,因此它的研究获得了较多的资金协助以及大量的智力方面的支持,这使得它在受众研究领域中占有重要的地位,并且在新媒体受众研究中取得了较大的发展。虽然新媒体调查具有先进的技术,但也无法避免结构性受众调查存在的一些主要问题,由于过于重视媒介的商业利益,将受众看作利益价值的主要存在,而忽略了受众作为个体的人的价值以及过分追求商业利益造成了一定的社会负面影响。

三、社会文化性受众研究

社会文化性受众研究对受众的主动性和选择性进行了肯定，受众对媒介的使用反映了特定的社会文化环境，同时也赋予了文化产品和文化经验特定的意义，因此，它的研究主要是以文化研究学派为主，如霍利的编码/解码模式等。

融媒时代，由于媒介受到了频繁使用，表现出多元性的特征，因此融媒时代的受众理论研究也呈现出了多元化，阿伯克龙和朗斯特在《受众——表现与想象的社会学理论》一书中提出了观展/表演范式，提出了影像媒介影响着人们的日常生活，人们作为受众，同时又是表演者，内容的生产者与接受者融为一体。例如，许多网民喜欢在网上写博客。一方面网民通过这种方式进行情感的抒发，另一方面网友通过在网络上书写日志、晒照片等行为方式，从他人反馈的信息中对自己的形象有一定的认知。

融媒时代的受众研究应该更加多元化，新媒体使受众的自主性更强，传受关系更加模糊，所以受众研究应该在从商业利益角度探讨受众的同时，更注重从心理学、社会学角度探究受众。

第三节　融媒时代新闻受众权利与心理分析

一、融媒时代新闻受众的权利

（一）融媒时代新闻受众权利的特点

新闻受众的权利，特指新闻受众在新闻传播中享有的各项权利，是法定的公民权利在新闻传播领域的体现，或者说，是通过新闻媒介享受法定的一些权利。其具有以下几方面的特点。

1.法定性

受众在行使自己的权利时,必须与法律的规定相符合,而且必须在法律规定的范围内行使。这对于保障受众的合法权利具有重要意义。

2.目的性

受众在行使自己的权利时,是以追求、维护自己的合法利益为目的的,而且受众为了更好地满足自己的利益,往往希望自己能够享受更多的权利。

3.自主性

受众权利在法律上既表明了受众在新闻传播活动中行为自由的目标、方向、程度和范围,也体现了受众在新闻传播活动中的自主性。简单来说就是,受众在法律的范围内,能够依据自己的意志自主地选择实施或不实施某种行为,对此其他组织或个人不得进行阻碍。

4.共生性

受众从传播生态学的角度来看,是在具体的新闻传播活动中产生的。具体来说,在新闻传播活动中,信息接受者在接收信息的过程中就自然而然地成为受众。由此可以知道,受众与新闻传播者是相对而存在的。也就是说,新闻传播者和受众是相互共生的,任何一方都离不开另一方。从这个意义上说,受众的权利具有共生性。

5.双重性

受众权利的双重性特点,具体来说体现在以下几个方面。

第一,受众作为新闻媒介市场化过程中的消费者,享有普通消费者所具有的一般权利。

第二,受众权利表明受众在新闻传播领域内享有以知情权、选择权、话语权等为核心的新闻权利。

(二)融媒时代新闻受众权利的内容

融媒时代新闻受众权利的内容主要包括以下几方面。

1.隐私权

隐私权又叫免知权。它是指受众享有个人独处,对个人与公众利益、公众事务无关的私生活进行保密、不受新闻媒介打扰和干涉,以及个人的名誉和利益不受伤害的权利。人是个体性存在与社会性存在的统一,作为个体性存在,每个人都有自身特殊的利益和要求,有不能示于他人或公布于众的秘密,即属于个人的隐私。受众自身对所专有的秘密的占有权,他人不可侵犯。如果新闻媒介以营利为目的,不惜报道了他人的隐私,侵犯了个人生活的安宁,引起了个人精神上的痛苦和不安,就是侵犯了他人的隐私权。对此,合法权益受到损害的人,可以向人民法院提起诉讼,并要求道歉和赔偿。对一个人隐私权的尊重和保护是社会进步的重要表现,也是大众传播活动中的必然要求。

2.知情权

知情权又称获知权、知晓权、知悉权、知的权利等,是指公民获取有关社会公共领域信息以及与本人相关信息的权利,具体可包括政治知情权、司法知情权、社会知情权和个人信息知情权(如出生情况、亲生父母等)。[①] 在新闻传播领域,受众有权要求新闻传播媒介提供作为一个社会成员所应获得的种种真实的新闻信息,有权及时得知政府、行政机构等的有关公共信息和国内外每天发生的重大事件或有意义的事件,这是受众最基本的权利。新闻受众的知情权规定,新闻媒体必须对公众的知情权负责,积极

---

① 谢鹏程.公民的基本权利[M].北京:中国社会科学出版社,1999:263.

承担相应的责任和义务,该报道的要及时报道,该传播的要公开传播,以充分满足新闻受众"知"的权利。特别是当有关信息涉及或影响到受众的生活和工作,并且要求他不得不做出决定的时候,凡是有意扣留这些信息,或者传播虚假或歪曲失实的信息,就是侵犯了受众的知情权。具体来说,受众的知情权包括以下四方面的要求。

第一,平等获取新闻信息。新闻信息产品通常属于社会公共产品,它具有非分割性(在保持其完整性的前提下可由众多消费者共同享受)、非竞争性(每增加一个消费者,其边际费用是零)、非排他性(消费者在使用新闻信息产品时不排除别人能同时消费使用的可能)。因此,人们获取信息及共享新闻信息的机会、条件应该平等。此外,人们在获得新闻信息服务时,提供新闻信息服务的传媒机构往往也具有上述公共产品的性质,其消费上的社会效用大于私人效用。因此人们也要求在接受新闻信息服务时,基本上实现机会与条件上的平等。

第二,知晓真实传播内容的权利。真实性是大众传播内容的最根本要求,受众有权获取真实的传播信息。为确保受众能获取真实的信息,大众传播者一定要提高自身的业务水平和职业道德水平,以认真负责的态度进行新闻信息的搜集、制作和传播,并注意受众的反馈。

第三,知晓大众传播者的传播意图和目的,并对这种传播意图和目的进行监督。例如传播者可以背景材料的形式向受众介绍节目的策划,包括策划的意图、目的、要达到的预期效果等,这样就可以使受众做到心中有数,能更准确地接受和理解信息,避免了盲目和误解。

第四,知晓自身真实状况的权利。自身的真实状况既包括外在环境的真实状况,例如自身在社会中的位置,在传播过程中的地位和作用等,又包括自身的真实需要、情感和意志以及接受信息所发生的态度和行为的改变等。只有知晓了自身的真实情况,受众才能以此为基础,对整个传播做出判断。

3.选择权

受众有权通过大众媒介自主选择信息产品、选择新闻信息服务,这是法律赋予受众的一种最基本权利。我国《宪法》第 47 条规定:"中华人民共和国公民有进行科学研究、文学艺术创作和其他文化活动的自由。"《消费者权益保护法》第 9 条规定:"消费者享有自主选择商品或服务的权利。"这些规定表明,在大众传播中,受众面对众多的新闻媒介和新闻信息有权根据自己的需要、兴趣、爱好和自己所能运用的方式做出自由选择——或喜爱或厌恶,或接受或拒绝,或阅听或观看,没人可以强迫。对于这些新闻产品,消费者——受众有权进行比较、鉴别和挑选,有权拒绝商家——新闻媒介的强制交易行为。

4.表达权

从一般意义上说,表达权又称表达自由,是指公民通过口头或书面以及特定行为表达自己意见的自由,包括言论自由、著作自由、出版自由、新闻自由、集会自由、结社自由、游行示威自由等①。在新闻传播领域,指受众享有的使用各种媒介手段与方式公开发表、传递自己的意见、主张、观点、情感等内容而不受任何个人或组织非法干涉、限制或侵犯的权利。受众表达的内容可以是向新闻媒介反映所遇到的实情,可以是在新闻媒介发表对某事件的见解,也可以是反馈对大众传播媒介的看法,甚至可以是检举、控告新闻媒介对受众心理与精神的伤害和污染,并对保护受众权利的工作提出批评、建议。新闻媒体和相关管理部门要允许他们表达,为他们提供表达的机会和平台。不管什么时候,新闻媒体不得拒绝受众正确而有报道价值的意见,不得肆意剥夺或减少新闻受众的媒体表达自由。尤其要确保底层受众的发言权,把媒体的版面或时间还给受众;要确保受众的批评权,只要所说值

---

① 谢鹏程.公民的基本权利[M].北京:中国社会科学出版社,1999:224.

得报道,哪怕很难听的话,也要予以刊播。

新闻受众的表达权并不是绝对的权利,而是有所限制。我国《宪法》第 51 条规定:"中华人民共和国公民在行使自由和权利的时候,不得损害国家的、社会的、集体的利益和其他公民的合法的自由和权利",这是对表达权的法定限制。新闻受众应当正确行使表达权,不要滥用。

5.传播服务保障权

传播服务保障权是指受众依照法律享有进行传播消费和一系列服务保障的权利。这一权利有许多具体的细则,如受众享有自由选择媒体、选择新闻信息消费方式以及要求新闻媒介提供合格的、良好的服务的权利。而这些权利在实际操作中常常被忽略或侵犯,如强行摊派订阅、非正常停刊减张、广告侵占新闻播出时间、新闻质量低劣、未按电视节目预告播出节目、延期投递等,都是对受众传播服务保障权利的侵犯。

6.批评监督权

批评监督权是指受众按照法律规定,有权通过新闻媒介对社会和国家事务,对有关工作人员,对新闻媒介和新闻工作者进行批评和监督。我国《宪法》第 41 条第 1 款规定:"中华人民共和国公民对于任何国家机关和国家工作人员,有提出批评和建议的权利;对于任何国家机关和国家工作人员的违法失职行为,有向有关国家机关提出申诉、控告或者检举的权利,但是不得捏造或者歪曲事实进行诬告陷害。"受众通常可以根据法律条文、道德规范、行为准则等标准,通过写信、打电话、舆论声张乃至司法上诉等形式向传播机构和传播者反映自己的意见、要求,行使自己的监督职能。对于受众的批评和建议,传播机构和传播者应予以及时答复,并采取积极措施纠正错误、弥补不足,从而保证受众批评监督权的有效实施。

7.侵害补偿权

侵害补偿权即受众权益在受到侵害时有权依照法律享有要求补偿的权利。这是保护受众权益不可缺少的一环。在大众传播过程中，由于故意或失误使受众的名誉权和利益受到侵害，使受众的隐私权受到侵犯，由此给受众造成的精神上和物质上的损失，按照公正平等的原则，受众理应得到相应的补偿。侵害补偿权也是受众在大众传播过程中，主体地位不断提升的结果，如果受众仅仅处于客体地位，其一切都受传播者的操纵，就与传播者处于不对等的地位，在此种情形下，即使受众遭受到某种侵害，也很难言及补偿的权利。

二、融媒时代新闻受众的心理分析

(一)融媒时代新闻受众的心理过程

受众的心理过程是指受众在接触到媒介信息后，会在头脑中对其进行理解和思考，并伴随着一定的情感体验。而且，受众的心理过程以性质为依据，可以细分为认识过程、意志过程和情感过程三个方面。

1.认识过程

人们在对外界事物进行认识时，通常需要经过感觉、知觉、记忆、思维、想象等心理过程，这便是认识过程。受众在接触到媒介新闻信息后，首先会对新闻事件的基本要素和概貌进行一定的了解和认知，即形成一定的感性认识；接着会在头脑中分析、综合、推理、判断新闻信息，即进行由浅入深的思维过程。受众对信息的接收，还具有一定的积累性。也就是说，受众过往接触过的信息会储存在记忆中，当再次接触到同类信息或是与过往信息相关或相矛盾的新信息时，就会将相关的信息从记忆库中提取出来，与当前的信息进行比照,进而得出某种结论或形成某种认识。

2.意志过程

意志过程指的是人们按照自己的意愿,自觉确定目标和制订计划,支配和调节自己的行为,克服困难,力图创新,以达到预期目的的心理活动,体现了人们的主观能动性。受众在对新闻信息进行寻找和选择时,通常会带着一定的动机或目的,而且会试图把自己对新闻信息的看法反馈给传播者,这便是受众的意志过程的体现。

3.情感过程

人们在对客观事物进行认识时,总会表现出一定的态度以及高兴、舒畅、愉悦、满意、气愤、厌恶、同情、不满等主观情感,这便是情感过程。受众在面对不同内容的新闻时,往往会表现出不同的情感体验,如因看到贪官落网的新闻而感到解气,因看到强权欺人的新闻而感到愤怒等。正是在受众的情感过程中,新闻报道的传播效果得以实现。

(二)融媒时代新闻受众的心理表现

1.求知心理

人的认知过程是指人认识外界事物的过程,对于新事物的认知渴望,是人基本的心理反应。现代社会中拥有大量的信息,为了自身的生存和发展,及时认知这些信息,吸取对自己有用的信息,以便随时调整自己的行为或调适自己的需求,适应外部变化的环境,对于自身的发展具有重要的影响作用。受众对媒介的选择,很大一部分原因就是为了获取知识,弥补自身的不足,因此,新闻传播媒介需要根据受众对知识的渴求来传播信息。

2.求真心理

受众希望获得真实的信息,而人们在接受新闻前就存在着一个基本的假设:大众传播媒介所传播的新闻信息是真实的。一旦新闻报道违背了这个前提,受众会产生受欺骗和被愚弄的感觉,这也是新闻传播要避免的大忌讳。由此可见,受众接触新闻的首要出发点就是获得真相。新闻媒介是环境的监测者,它通过敏锐的触角为公众提供第一手的关于环境变动的信息。在纷繁复杂的社会现实中,受众希望借助新闻媒介了解现实真相,为自己的决策提供参考。求真不仅包括知道究竟发生了什么事情及事情的经过和结果,而且包括了解为什么会发生这些事情。真相的公布满足了受众的知情权,能消除受众的疑惑,避免不必要的猜测。

3. 求新心理

新闻通常是具有一定的时效性的,过时的新闻往往无法引起人们的兴趣,这便体现了受众的求新心理。在新闻传播活动中,受众的求新心理具体体现在两个方面:一是追求新的新闻内容;二是追求新的新闻报道手法。这就要求新闻传播者深入社会生活,积极对新的题材进行挖掘,并不断尝试新的新闻报道手法,以满足受众的求新心理。

4. 求趣心理

随着后工业化社会的到来,人们不仅有获得实用信息的需求,也希望能从新闻信息中找到乐趣。再加上现代人生活节奏快、工作压力大,在休闲时间,人们希望能放松心情、舒缓压力。在这种情况下,硬新闻难免显得单调而枯燥,有趣的、轻松的、有人情味的、故事性强的软新闻能给受众带来一种轻松的体验,使压抑的情绪得到某种程度的宣泄。

5. 求近心理

求近心理指新闻受众在接受新闻时,对与自身状态比较接近的新闻表现出的一种"认同"心理趋向。在这种心理趋向影响下,受众在接受新闻时表现出极大的能动性。接近性包括生活认识和生活意义的接近性、地域的接近性、文化的接近性及情感的接近性。新闻报道具备一种或多种接近性,受众常常表现出集中选择和认同的趋向。认同的更高一层表现是"共鸣",所谓共鸣,即受众对感兴趣的新闻表现出的持续兴奋状态和强烈的感情升华,并相互感染形成连锁的情绪效应和社会影响。

6. 求同心理

人是社会的人,在社会中生存最重要的价值的实现即是得到他人的认同,而被他人排斥或否定则会打击人们的自信心。因此,受众总渴望得到别人的认同,具有一种求同心理。在新闻传播过程中,受众对于自身感兴趣的信息或是与自身利益息息相关的信息则会特别地关注,也就是说对于与自身有着一些共通的因素的信息更能引起受众的共鸣,比如与自身的观点相似,情感上能够产生共鸣以及与自身的生存发展相关的新闻信息等的传播,更容易使受众接近、感兴趣。因此,媒介要注重根据受众的本身的现实条件来传播相应的信息。

7. 求异心理

受众在选择信息时,除了要选择对自身有影响的信息,还会为了满足自身的好奇心而选择一些与别人不同的信息。现代社会是追求个性的社会,年轻人为了满足个性,喜欢对别人都认同的喜好等采取一种相反的态度和行为,求异、求奇,极力追求与众不同、标新立异的效果。按照心理学的原理,有机体遇到一反常态的奇异刺激物或者从未经历过的崭新环境时,会产生一种朝向和探究的反射,因而使得注意得到强化。可以说,求异心理是出于一种对好奇心的满足和对刺激的追寻,从而获得感官上的满足。因此,在传播活动中,对于新闻信息的传播,也要挖掘出信息自身的个性特征,尽量地表现与普通事物不一样的方面,刺激受众,以取得更好的传播效果。

8.求美心理

爱美是人之天性,求美心理是受众对于信息选择的重要标准。很多受众会以是否符合个人审美情趣来作为媒介选择的标准,通过对美的追求来获得精神的享受。新闻传播活动要满足受众求美的要求通常应做到以下几方面。

第一,在新闻内容上,以真实性为基础,选择具有高尚品格的人物或事件,颂扬美的事物。

第二,对于新闻形式的美的挖掘,包括文笔是否流畅、生动、有思想,新闻的整体结构安排是否合理等来吸引受众。

第三,对于其他方面的一些要求,如画面是否清晰、色彩搭配是否合理等,从这些内容来引导受众关注。

9.参与心理

随着受众主体意识的提高,受众不再满足于作为旁观者游离于新闻传播之外,他们希望能参与到新闻传播中去。受众拥有"传媒接近权",即指一般社会成员利用传播媒介阐述主张、发表言论以及开展各种社会和文化活动的权利,同时,这项权利也赋予了传媒应该向受众开放的义务和责任。受众希望借助媒介来表达自己的心声,希望通过媒介来分享自己对特定事件的评论,也希望单个的言论能够成为社会舆论的一部分。特别是当新闻报道引起了受众的共鸣时,受众更是迫切希望就新闻事件发表自己的看法,并通过媒介来交流这些看法。以互联网为代表的新媒体技术的发展,扩展了受众对新闻传播的参与途径,使受众的参与心理能够得到较好的满足。

10.逆反心理

逆反心理的产生源于客观环境与主体需要的不相符合。而受众的逆反心理,是受众面对媒介内容时,采取与传播者愿望相反的态度或行为的一种倾向。受众逆反心理产生的原因,具体来说主要包括以下几方面。

第一，陈旧、无创意的传播形式导致受众产生逆反心理。虽然新闻传播应以内容为主，但新闻传播的形式往往也会对受众的心理产生一定的影响。如果新闻传播的形式总是一成不变、过于陈旧、毫无创意，则会使受众产生"审美疲劳"，进而产生逆反心理，对新闻传播的内容甚至是十分精彩的内容也忽略不见。

第二，呆板、僵硬的信息内容导致受众产生逆反心理。一些新闻媒体在对常规的新闻报道进行处理时，往往会忽略进一步挖掘事实的真相和深入内容、从不同的角度对新闻进行报道，从而出现了长期雷同的现象。长此以往，受众出现逆反心理是在所难免的。

第三，含糊其辞、表意不清的传播信息导致受众产生逆反心理。一些新闻报道由于记者不认真的采访态度，或是违背新闻道德而有意隐瞒事实，导致未清楚地交代出新闻事件的来龙去脉，从而给受众带来了众多疑问。在这种情况下，受众便会产生逆反心理，认为这些新闻报道是完全无效的。

第四，虚假失实、混淆视听的传播信息导致受众产生逆反心理。一些新闻报道为了哗众取宠、吸引眼球，不惜捏造事实、信口雌黄，有的甚至存在明显的常识漏洞，一看便让人怀疑其真实性。这种虚假失实、混淆视听的新闻报道，极容易导致受众产生逆反心理，从而对新闻传播者以及新闻传播内容产生厌恶心理。

第五，以偏概全、片面极端的传播信息导致受众产生逆反心理。新闻媒体在对新闻进行报道时，很可能会出现简单、武断、主观地概括社会现象或社会群体的现象，从而导致新闻报道不够全面、充分和真实。而这会使得受众对新闻媒体的信任大大降低，进而产生逆反心理。

受众逆反心理的表现主要包括以下几个方面。

第一，情感逆反。所谓情感逆反，就是受众与传播者在传播中所蕴含和表现的情绪或情感相反。具体来说，当新闻传播者表现出喜欢的情感时，受众则会表现出厌恶的情感；当新闻传播者表现出表扬的情感时,受众则会表现出贬斥的情感等。

第二,行为逆反。所谓行为逆反,就是受众采取的行为与传播者的意图相反。具体来说,当新闻传播者希望受众采取或不采取某种行为时,受众都会对其置之不理,甚至采取相反的行为。

第三,评价逆反。所谓评价逆反,就是受众对传播的事实判断或价值判断与传播者所持的判断呈相反性趋向。具体来说,当新闻传播者对某一事件持正面态度时,受众却对这一事件持反面态度;当新闻传播者对某一内容进行大力倡导时,受众却对这一内容十分抵触;当传播者对某一内容进行大力批评时,受众却对这一内容大力赞扬等。

在新闻活动中,受众一旦产生逆反心理,便会怀疑、反感甚至厌恶新闻传播者以及新闻传播内容。因此,应积极采取有效的措施对受众的逆反心理进行消除。具体来说,为了在新闻活动中消除受众的逆反心理,新闻传播者在进行新闻报道时必须坚持实事求是的原则,切实用事实进行说话,做到不偏不倚,准确地对事物规律进行反映,并不断使自己的新闻报道技巧得到提高。

11.接收暗示心理

暗示是一种普遍存在于社会生活之中的社会心理现象,在人际传播和大众传播当中都存在,受众群体所接受的暗示信息主要来自大众媒介。接收暗示心理是指"受众不自觉地心甘情愿地接受新闻宣传影响的一种受众群体(当然也包括受众个体)心理"。新闻传播活动中的暗示主要通过文字、语言、画面、声音、版面排版、内容编辑等多种方式表现出来。传播者在报道新闻的过程中,一方面会不可避免地带有个人色彩,如个人音质、文笔、编排喜好的不同;另一方面,传播者往往会对报道的主题持一种比较明确的态度,常常通过客观报道的形式将所传达的信息寓于其中。传播者的这些表现必然会影响对受众的"暗示",受众的接收暗示心理也就会根据不同的新闻传播媒介、新闻传播内容和新闻传播形式而有所差异。

第四节　融媒时代新闻受众的定位分析

融媒时代新闻传播的受众定位是指在融媒时代对新闻媒介的目标受众进行确定,并在分析新闻媒介市场以及媒介产品市场定位的基础上做出科学、合理的决策。

一、融媒时代新闻受众定位的原因

融媒时代新闻受众定位的原因主要包括以下几方面。

(一)受众自身发生了巨大变化

我国在进行社会转型和体制转轨的同时,使得原有的社会群体内部产生了一些新的阶层。与此同时,伴随着改革开放的不断深入,新的阶层也不断产生。而在社会阶层日益多元化的影响下,受众对新闻信息的需求变得多种多样。这不仅使得新闻传播受众市场的分割越来越严重,而且在一定程度上促进了新闻传播受众市场进行重新组合。在这一趋势的作用下,新闻媒介越来越重视对受众进行细分与定位。

(二)受众市场的竞争日益激烈

自改革开放以来,我国经济得到了快速发展,科技水平也有了很大的提高。在这一形势的影响下,新闻媒介获得了极大的发展,从而使我国的新闻传播事业发生了重大变化,具体来说表现在两个方面:一是新闻媒体的数量有了快速增长;二是新闻媒体的种类得到了极大增加,除了传统的一报二台外,电视台、广播电台、报刊的种类快速增加,还出现了数字电视和互动电视。在此影响下,新闻媒介之间的竞争日益激烈,而且一家新闻媒介将所有的受众都覆盖过来越来越不现实。于是,新闻媒介不得不重新确定最适合自己的目标受众,并采取有效措施尽可能争取目标受众。

在新闻媒介之间的竞争日益激烈的同时,受众对新闻媒介有了更大的选择空间和选择余地,从而促使我国的新闻传播事业逐渐由卖方市场转变为买方市场。而在买方市场逐渐形成的过程中,新闻媒介的经营日益意识到通过受众定位来促进自身发展,进而在激烈的新闻媒介竞争中脱颖而出的重要性,并积极着手进行受众定位。

二、融媒时代新闻受众定位的方法

融媒时代新闻受众定位的方法主要包括以下几种。

(一)分层定位法

分层定位法是指新闻媒介的各层次分支依据影响受众需求的要素进行逐步逐层的定位。当前,电视频道在发展与运作的过程中应逐渐走向专业化,已成为电视媒介的共识。电视频道要想朝着专业化方向发展,首先要进行准确的频道定位。而能否准确地进行频道定位,深受受众分类细不细的影响。在进行受众细分类的基础上,专业化频道定位要进一步明确核心受众、边缘受众和潜在受众。以中央电视台来说,在依据受众不同信息需求的基础上划分成了新闻频道、财经频道、体育频道、综艺频道、电影频道、电视剧频道、戏曲频道、少儿频道等专业频道。而具体到某一频道如体育频道来说,广大的体育爱好者是其核心受众,而休闲、旅游等类型节目的适当配置又为其赢得了数量不少的边缘受众。因此,专业频道的受众定位要做到"宽窄适度,范围适中"。

(二)动态定位法

由于新闻媒介的受众群体不是一成不变的,而是处于不断的变动和分化中的。因此,新闻媒介在进行受众定位时,可以采用对这一现象有充分考虑的动态定位法。所谓动态定位法,就是新闻媒介在进行受众定位时不能一劳永逸,而要在不断实践的基础上进行科学和可行的定位。

(三)综合定位法

综合定位法是指根据影响受众定位的两种或两种以上的因素进行受众定位。在当前,新闻媒介想仅仅依靠影响受众定位的一种因素就准确地进行受众定位几乎是不可能的,必须要对几种因素进行有机组合。这既是由新闻媒介自身的特点决定的,也是由受众市场的需求状况决定的。

三、融媒时代新闻受众定位的影响因素

融媒时代新闻传播受众的定位受到一定因素的影响,概括来说,这些因素主要包括以下几方面。

(一)受众的职业

处在同一城市中的受众,由于职业的不同,在兴趣、爱好等方面也会表现出较大的差异。而对于任何一家新闻媒介来说,在进行受众定位时将不同职业身份的受众的兴趣、爱好都包罗进来是根本不可能的。因此,新媒体环境下的受众定位也要充分考虑到受众的职业身份这一因素。

(二)受众的年龄

受众的年龄不同,对信息的需求也会存在较大的差距,如年轻人更喜欢时尚、娱乐、游戏等方面的信息;中年人更喜欢与国计民生以及人民的切身利益密切相关的信息;老年人更喜欢健康、养生等方面的信息。因此,新媒体环境下的受众定位绝不可忽视受众的年龄这一重要因素。

(三)受众的心理机制

受众的心理机制决定着其对新闻信息在数量和质量方面的

需求。因此,只有充分地了解与把握受众的心理机制,才能更好地满足受众对新闻信息的需求。以此为基础,新闻传播媒介就可以大大提升准确进行受众定位的能力。

(四)受众的受教育程度

新闻媒体、新闻栏目、新闻报纸由于自身内容定位的不同,对受众的受教育程度的要求也有所差异。通常情况下,电视受众的受教育程度普遍低于报纸受众的受教育程度,因为不识字的文盲也可以观看电视节目,而不识字的文盲要阅读报纸则是不可能的。另外,晚报、都市报的受众的受教育程度普遍低于大型综合性日报的受众的受教育程度;娱乐类节目的受众的文化素养普遍低于时政类节目的受众的文化素养。因此,新媒体环境下的受众定位也要考虑到受众的受教育程度这一重要因素。

四、融媒时代新闻传播受众定位的转变

在新媒体日益扮演重要角色之后,诸多新媒介的使用者难以用传统意义上的"受众"概念来进行指称。"受众"一词失去了明确的指向性,因而"用户"的概念逐渐被引入传播学领域,融媒时代新闻传播受众的定位因此也发生了以下几方面的转变。

(一)从消费商品到生产商品

融媒时代,受众作为媒介商品消费者的身份逐渐发生了改变。受到后现代主义思潮全球化的影响,多元主义价值观在经济全球化的多元文化互动中得到更多的文化认同。传统媒体消费者的"被动的信息接受者、目标对象"的角色逐步被"搜寻者、咨询者、浏览者、反馈者、对话者、交谈者"等新角色所取代。"用户生成内容"概念的诞生与日益流行,正是这种身份转换的标志。用户生成内容主要是指用户通过不同的形式在网络上发表自己创作的文字、图片、音频、视频等内容,它是 Web 2.0 环境下一种新

兴的网络信息资源创作与组织模式。由此可见,在融媒时代,用户已由消费者逐渐向网络产品的生产者转变。

(二)从匿名群体到真实个体

在传统的大众传播理论中,受众常以匿名的和不具个性的客体出现。虽然有些受众成员偶尔也会通过各种形式直接或间接地参与新闻媒体工作,但总体而言,受众对于新闻媒体来说,是一种笼统的、隐蔽的存在。

在融媒时代,互联网用户越来越难以隐匿自己的形迹;而从主观方面看,用户在网络中呈现自己真实、固定身份的意愿也日趋增强。如今,只要你对某个人有兴趣,就可以阅读他的博客,订阅他的网摘,通过社交网站等方式熟悉他的朋友圈子、接触他的人际关系网,通过豆瓣网了解他在读什么书、看什么电影,通过微信朋友圈欣赏他的照片、了解他的动态……更为关键的是,各种平台和渠道都在竭力相互融合、相互贯通,努力让用户通过一个入口能走进某一个用户的全部个人世界。

由此可见,匿名性绝非互联网用户的特征。随着网络和新媒体的广泛应用,用户越来越倾向于有选择地公开个人隐私,把现实生活中的自己呈现于互联网,塑造一个真实的、固定的个体身份。

(三)从被动接受到主动获取

进入融媒时代之后,互联网逐渐打破了传统大众媒体对信息源的主导地位,互联网用户拥有了获取信息的主动权。随着互联网的快速发展,世界各国、各地区的联系日益密切。它对传统的地缘政治、地缘经济、地缘文化的概念具有很强的冲击力,形成了以信息为核心的跨国界、跨文化、跨语言的全新虚拟空间。相关调查表明,互联网已经成为大多数人获得新闻和信息的第一来源,而利用电视、无线广播、报刊等媒介获取新闻的比例呈现下降的趋势。这主要是因为,新产生的信息大多是数字化、网络化的,而原有的重要信息也经历着被数字化、网络化的过程。互联网的运用,为人们快速找到自己所需要的信息提供了方便。互联网从根本上改变了人们在接收信息方面的被动地位,用户可以根据自己的需要选用有效的信息。另外,互联网用户可以自由地选择他们想看、想读、想写的信息。这种选择,无论是对信息内容的选择,还是对信息的接收形式、接收时间、接收顺序的选择都极具灵活性,用户主动获取信息的渠道逐渐多样化。

(四)从受众反馈到用户体验

目前,人们普遍认为,受众是新闻传播的积极参与者,而受众对于新闻媒介整个运作的参与,主要是通过以各种形式的反馈向记者、编辑和媒介的决策者表达他们的意见和期望来实现的。受众对新闻媒介最经常、最权威的评价就是对各种各样媒介的接触程度,即报纸的发行量、电台节目的收听率、电视节目的收视率。发行量、收听率、收视率是新闻媒介的生命线,而受众控制着这条生命线。在我国,随着市场经济的深入发展,受众得到了真正的重视和尊重。当新闻媒介真正走向市场、参与市场竞争以后,新闻媒介的从业人员才懂得,受众是新闻媒介得以顺利运行的主要力量,是新闻媒介的"上帝"。然而,受众对于新闻媒介来说,是一种模糊而微弱的存在。受到各种因素的影响,传统媒体受众的反馈手段仍比较落后,反馈通道不够通畅,反馈信息量小,速度也慢。随着"体验经济"概念的提出,人们对体验经济的产生以及体验经济对社会生活产生的影响进行了研究。用户体验被定义为"人们对于正在使用或期望使用的产品、系统或者服务的认知印象和回应"。这一概念最初运用于 IT 应用设计领域,但由于其他行业的竞争背后也普遍存在用户体验的竞争,因此这一概念逐渐被推广。它主要包括产品或服务的象征意义、产品的易用性、产品的功能、产品提供信息的准确性和合理性。互联网时代的用户体验具有以下特征。

第一,用户的个性化需求提高。"体验"因其独特性使自身成为一种相对稀缺的资源,而突出人性化是用户体验最大的特点。因此,要针对用户个性特征以及具体的需求来为用户提供相应的信息服务。

第二,用户的参与性需求提高。互联网时代的用户不仅仅关注信息本身,更关注其来源以及获取途径。相较于结果而言,用户更重视过程。因此,信息服务应该具有开放性、互动性。

第三,用户的情感性需求提高。用户在关注信息服务内容和质量的同时,更注重情感的愉悦和满足。他们更注重整个消费过程的环境、信息关联度以及技术条件支持带来的真实感受。

随着互联网的普及,网络用户的地位发生了明显的转变。在传统的传播结构中,"反馈"一词反映了受众处于被动地位。而在新媒体环境下,相较于"反馈"而言,"体验"的概念更能对用户在传播结构中的地位和角色进行准确的描述。互联网传播的交互性对旧有的传播方式而言是一个革命性的突破。在互联网中,用户享有前所未有的参与度,媒体和用户形成充分的双向交流。

(五)从接收信息到传播信息

融媒时代,随着互联网技术的使用和推广,用户具备了成为信息传播主体的条件。数字技术使传者与受者位置互换、重叠、界限模糊,传播活动逐渐"去中心化"。在 Web 2.0 的技术平台上,信息传播交互的每一个节点上都可能是一个传送或接收的中心,传播活动早已不再是自上而下的单向式传播,而是呈现信息传播的双向结构和网状结构。相比之前,人们进行传播活动更加便捷、高效,每个用户都可以在对话中实现决策参与,成为传播活动的主体。

互联网用户作为信息的传播者,其主要传播特征即自媒体表达。"自媒体"这一概念由谢因·波曼与克里斯·威理斯在《自媒体》中提出,它是普通大众经由数字科技强化与全球知识体系相连之后,一种开始理解普通大众如何提供与分享他们本身的事实与新闻的途径,每天人们通过论坛、博客、微博等渠道发表的言论达数百万条。这是一个庞大而独立的自媒体群,每个人在即时化的海量信息传播中,模糊了个人媒体和传统大众媒体的边界。除了拥有巨大影响力的名人通过"自媒体"表达观点和传播信息以外,普通公民在维权抗争、实行监督、观点交流方面也表现出巨大的活力。官方控制民众自由表达的时代已经一去不复返,公民在"信息权力"上逐渐变得强势。正是因为这种权力、影响力的上升,促使国家、政府在各个方面更加重视舆论带来的压力,不断改进管理模式。信息的快速传播、扩散不仅在信息选择上成就了普通公民自由的表达权,也在信息解释、观点呈现上摆脱了传统媒体报道的框架,给予了公民自由表达的权利,由此深刻影响了一个国家的政治参与结构。

第四章　融媒时代新闻传播的传播者研究

作为新闻传播活动的第一大要素,新闻传播者是新闻传播信息内容的发出者,直接影响着新闻传播的过程。本章即对融媒时代新闻传播的传播者的相关内容进行简要阐述。

第一节　融媒时代新闻传播者的角色定位

融媒时代,新闻工作者在社会中有着非常突出的地位,对人们的社会生活有着深刻的影响。对于新闻工作者的角色定位,主要包括以下几种观点。

一、新闻信息的守门人

从学理意义上讲,"守门人"一词来自美国社会心理学家、传播学奠基人之一的库尔特·卢因,他在 1947 年撰写的《群体生活的传播管道》中指出:"信息总是沿着包含有'门区'的某些管道流动,此时此地,或者根据公正无私的规定,或者根据守门人的个人意见,决定信息或商品是否允许进入管道或继续在管道里流动。"[①]其后,这一概念进入新闻传播领域,并得到发展。

1950 年,传播学者怀特将"守门人"概念引入新闻传播的研究,发现在新闻报道中,新闻机构组织成为实际中的守门人,他们

---

① 　陈霖.新闻传播学概论[M].4 版.苏州:苏州大学出版社,2013:52.

对新闻信息进行取舍,决定了哪些内容最后与受众见面。他在研究美国一家非都市报纸的电讯编辑时发现,这位编辑对一些新闻进行舍弃的决定就是很典型的守门行为。他将这一模式用简单的示意图表示出来,如图 4-1 所示。

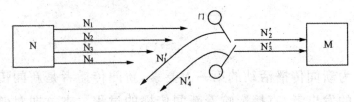

图 4-1　"守门人"模式示意图①

这一模式为新闻机构的新闻稿选择过程的研究提供了基础,但由于过于简单而受到了一些批评,并且它给人们这样一个印象,仿佛不断地、自由地流动着范围广阔的新闻,这些新闻只得用适合某些报纸的方法加以选用。也即是说,这个模式只考虑已经成型的新闻稿件的取舍,而没有考察事件在成为新闻的过程中所必须经过的选择。尽管如此,这一模式对"守门人"概念的运用仍产生了深远的影响。

1959 年,麦克内利进一步发挥和拓展了"守门人"概念,并由此提出了新闻流动模式,如图 4-2 所示。在新闻传播过程中,守门人情况很复杂,如守门人是多层次的,还存在与接收者互换角色的现象,守门人任务除了选择、拒绝,还有反馈。对于这些情况,麦克内利的新闻流动模式都考虑到了,对新闻传播活动过程的分析也就更为细致,因此也丰富了"守门人"概念。但是,同怀特一样,麦克内利的新闻流动模式也不考虑新闻工作者对事实本身的最初选择,把"有新闻价值"看作理所当然的,于是,通讯社的记者也就被当作了主要的信源,这显然无法把新闻传播过程的全貌描述出来。

---

① 陈霖.新闻传播学概论[M].4 版.苏州:苏州大学出版社,2013:52.

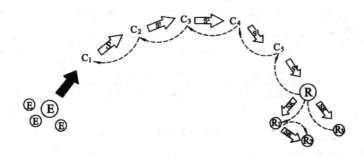

图 4-2　新闻流动模式示意图[1]

1965 年,盖尔顿、鲁奇另辟蹊径,分析了社会事件具有怎样的特点和因素才有可能被守门人选中并送入传播媒介与受众见面。他们注意到,日常事件成为媒介图像(新闻)的过程中,守门人会以一定的标准决定取舍,这个标准并非主观和随意的,而是具有客观依据和系统性,他们指出了九个方面的因素,如图 4-3 所示。

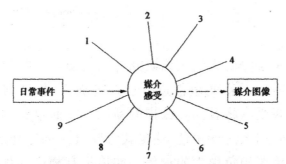

1＝时间跨度;2＝强度;3＝明晰度;4＝文化接近或相关;5＝一致性;6＝突发性;7＝连续性;8＝构成;9＝社会文化价值观念

图 4-3　"守门人"取舍标准示意图[2]

这一模式注意到了守门人的选择行为的复杂性,因此给新闻价值的研究带来启发,但未涉及守门人的其他方面。

1969 年,巴斯提出了新闻流动的"双重行动模式",将新闻传播分为新闻采集与新闻加工两个阶段,注意到了守门人的差异,如图 4-4 所示。

---

①　陈霖.新闻传播学概论[M].4 版.苏州:苏州大学出版社,2013:53.
②　陈霖.新闻传播学概论[M].4 版.苏州:苏州大学出版社,2013:54.

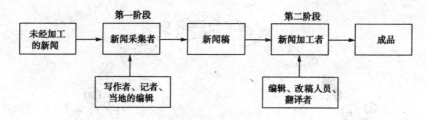

图 4-4　双重行动模式示意图①

新闻采集者首次守门,将"未经加工的新闻",即客观发生的事件,制作(写作、摄录)成新闻作品,即形成新闻稿,这是第一阶段。新闻加工者(编辑、翻译等)再次守门,对第一阶段形成的新闻作品进行修改,并将它们合并为"成品",传送给公众,这是第二阶段。相关研究者认为,这个图示对研究新闻记者的活动非常有用,"两个阶段的划分有助于将两部分人分开:一部分是最接近信源和最倾向于信源的人,另一部分是那些就守门行为的意义来说,更为实事求是地工作,对流入的新闻内容进行挑选修改和剔除的人"。

从以上关于守门人的理论研究可以看出,新闻工作者在传播新闻过程中需要对新闻事件进行选择与放弃、修改与加工,这样就决定了最终受众将看到什么样的新闻。在此过程中,新闻工作者扮演的是守门人这一角色,这也就意味着新闻工作者对整个社会的信息环境要担负很大的责任。如果没有相应的规范制度,新闻工作者作为守门人失责,导致各种有害信息流向社会,那么,这将严重损害社会公众的精神和物质生活。作为新闻信息的守门人,新闻工作者在对新闻事件进行选择、取舍、修改、加工的时候,应该要确保新闻信息符合新闻传播自身的规律,有利于新闻媒体自身的健康良性的运作;符合国家、社会、民族和人民的利益,有利于人民群众的物质生活和精神生活。

上述关于守门人的理论研究也表明,守门人在行使自己的角色功能时是有系统性的,需要在高度控制的组织之中执行、完成,

---

　　①　陈霖.新闻传播学概论[M].4 版.苏州:苏州大学出版社,2013:54.

而且在每一个环节中执行时总要服从一定的守门指令,以此确保受众接收到特定形式的新闻内容。在现代,新闻工作者具有高度组织化特征,因此守门与新闻传播的整套程序也就密切关联。

需要指出的是,新闻工作者的守门人角色活动是有一定限制的,即限于新闻传播活动内部。这主要基于以下两点原因。

第一,新闻工作者的守门行为受制于新闻传播之外的一些条件,它并不一定在任何时候都是自身做出的。例如,2003 年我国对 SARS 的新闻报道就曾有两种不同的状态。第一种状态是信息不透明、不均衡的状态。第二种状态是较为透明的、均衡的状态。这两种状态的分界点是当年的 4 月 20 日,这一天,由于未能及时、真实地报告 SARS 疫情,也得不到妥善的处理,卫生部部长张文康和北京市市长孟学农被撤职。之后,演变为第二种状态,这离不开新闻界的努力,更是政府改变了态度,并建立了相应的保障性制度,如政府部门新闻发言人制度的建立。可见,新闻工作者只是一个小的守门人,而政府是一个大的守门人,政府对新闻传播进行了社会控制,诚然,这种控制已经超出了新闻传播活动的范围。

第二,如果把新闻工作者的守门人角色功能行使范围扩大到新闻传播活动之外,不着眼于新闻工作者活动的社会联系,那么就会泛化守门人的概念,使其定义变得不确定。

二、社会交往的中介者

作为社会交往的中介者,新闻工作者要搜集社会各个系统、各个阶层的信息资源,对其进行加工,制作成新闻,最后传播给受众,从而也使社会各系统之间得到了沟通和联系,协调分工与合作,应对新情况,确保了整个社会系统的均衡,得以良性地运作。而各系统不可能有更多的精力、财力完全独自搜集其他系统的信息,新闻工作者刚好可以担当此重任。由此也可以看出,新闻工作者自身并不能产生、创造新闻,而是在新闻和新闻源中间起着桥梁和纽带的作用。由于这种中介性,新闻工作者要维持自身的存在,就必须依赖和运用社会各个系统的新闻资源;由于这种中介性,新闻工作者通常被社会各个系统、各个力量视为于己有利的工具,成为他们的公关对象。

作为中介者,新闻工作者与社会各系统间存在着既彼此依赖又互相利用的双重关系。一些集团凭借自己在经济和政治上的优势控制和利用新闻工作者的活动,而新闻工作者也总是依赖于某一阶级或集团。因此,新闻工作者在新闻传播活动中要保持客观和中立是很难的,但也因此要求其必须保持相对独立,使其中介者的作用得到更好的发挥。新闻工作者的活动在实质上就是构建社会交往的空间,不是为少数人和强势集团的利益而运作,更不是专权的传声筒。新闻工作者把不同系统、不同阶层的信息汇集到公共空间里,各种信息得到传播、交换,并形成一定的社会舆论,向所有公民开放。在我国,新闻工作者被称为党和人民群众的耳目喉舌。作为社会交往的中介者,新闻工作者既要对上层负责,也要传达底层的声音,在传播新闻中要"吃透两头",履行好中介者的角色功能。

社会各个阶层、各个利益集团之间总存在着各种各样的冲突意见,新闻工作者就是要为这些冲突意见提供展示的平台、空间,使之得到公开的讨论,取得平衡甚至一致,以此维系社会交往的正常进行。新闻媒体关注、报道、评论社会热点事件,向公众展示不同的声音,凸显了社会问题,并促使人们对问题进行思考,促进制度的完善。可见,新闻传播可以有力地推动现代社会形成强大的舆论,进而影响人们的思想和行动。如果一个极有可能引发舆论声势的事件,却没有引起新闻媒体的关注和传播,那么,相应的舆论就可能淡化乃至消失。

需要注意的是,作为社会交往的中介者,新闻工作者还面临着一个客观存在的矛盾,即媒体报道的事件总是少数的,这少数的事件在得以报道的同时,无疑也得到了放大。放大更容易引起社会的关注,但也威胁新闻工作者的中立与客观的准则。在选择新闻事件的时候就已经不够客观,新闻工作者对此如果缺少必要的自觉意识,不注意平衡,那么势必要模糊其中介者角色。如今,越来越突出的"媒体审判"问题就是新闻工作者超越中介者身份底线的典型表现。"媒体审判"不仅不利于新闻传播机制的正常、健康运作,而且不利于社会问题的公正解决。另外,新闻工作者只有如实地、准确地沟通信息,保持良好的信誉,才能正常展开中介活动。因此,新闻工作者一旦传播虚假信息,不管是有意的还是无意的,都会降低其公信力。近些年来,不断出现失实报道和虚假新闻,这不但严重损毁了新闻工作者的形象,而且阻碍了其作为社会交往中介者的角色功能的发挥。

三、民众生活的服务者

新闻工作者是民众生活的服务者,这具体表现为以下几方面。

(一)为民众提供生活信息

新闻工作者有责任和义务及时地报道关系民众生活的方方面面的信息,为民众生活提供便利。与民众工作、生活密切相关的天气、空气质量、水电气供应、医疗卫生、教育、就业、物价、汇率、工资等,新闻工作者都应该及时告知民众这些方面出现的变动信息,使之做出相应的调整。因此,生活信息也就构成了新闻传播活动的不可或缺的内容。应该看到,新闻媒体提供生活信息不限于实用性的信息,还应该反映民众生活的各个方面,报道民众生活中的困境、麻烦,为社会上的困难群体发声。

(二)为民众提供知识信息

新闻工作者总是报道各个领域的最新事件和最新变化,而为了让民众更好地理解这些新闻事件,同时又常以专家访谈、背景资料、专题讨论等方式,向他们普及、提供相应的相关的领域知识。这些知识包括方针政策、法律法规、科技新成果以及涉及现代生活的方方面面的知识等。2011年10月底,美国驻北京大使馆与北京市环保局的空气污染数据之争,引起大家对PM 2.5的关注,各媒体纷纷推出解读PM 2.5科学含义以及颗粒污染物的危害等相关报道。

需要注意的是,新闻工作者不可能具备所有领域的专业知识,除了自身努力提高知识水平,培养、提高相关领域知识的检索能力,更多的是依赖专家消息源。此外,科学领域本身或某行业的专业知识是很抽象的,这令受众对其难以理解、接受,因此新闻从业也要做好"转化"工作,使知识性信息通俗化,更易于接受。

(三)为民众提供娱乐信息

文化娱乐是人类生活的一个重要内容。随着物质生活的不断丰富,人们对精神生活有了越来越高的要求。在现代新闻传播中,传播者总是凭借各自的特点,积极为受众提供娱乐方面的信息。就纸介媒体而言,其利用自己文字表达和易于保存的优势,通过副刊和文娱、体育专版、专栏去满足读者在文体娱乐方面的需要,如《足球报》《体坛周报》等都曾创造了新闻业的奇迹。新世纪创刊的一些报纸和杂志,同样十分重视文体娱乐新闻。如《东方早报》《新京报》等在文体娱乐新闻的报道上,都形成了自己的特色。

需要注意的是,新闻传播者对娱乐信息的提供,同样应遵循新闻报道的一般准则,并控制其在新闻整体中的比例。新闻传播者提供娱乐信息,不能等同于新闻的娱乐化。近些年来,受到市场竞争的压力,以及由于某些新闻媒体的社会责任感淡薄,我国出现了新闻娱乐化乃至庸俗化、低俗化的情况。针对这一情况,有关部门开展了"抵制媒体低俗之风"的活动,一起矫正不正之风,使新闻传播者能够健康地、负责任地提供娱乐信息,更好地满足民众文化娱乐生活的需要。

新闻传播者角色功能的发挥需要相应的社会条件的支持,最重要的社会条件是民主与法治。只有在民主的政治制度下,新闻传播者才能担当上述角色,也只有在民主的政治制度下,新闻传播者的角色才能发挥其功能作用。新闻传播者要正确适当和充分有效地行使自己的角色功能,离不开法治。一方面,法律规定了新闻传播者的合法性地位,规定了其活动的合法性边界,另一方面,法律为新闻传播者的权利提供了保障。

四、生存环境的监测者

在原始社会,人类的生活方式是集群而居,其生产劳动和社会性劳动都是集体进行的,为协调行动、趋利避害,需要随时了解并交流外部信息。这也就是最原始的新闻传播活动。从这个角度来看,新闻工作者最初扮演的角色就是监测生存环境,而随着人类社会的发展,这一角色功能的作用愈加突出。现代新闻事业的发轫者之一邵飘萍就曾说过,记者特别是外交记者,其角色功能就相当于社会、国家、世界的耳目,监察人类社会的各种新事实表现。归结起来,新闻工作者作为生存环境的监测者这一角色功能具体表现在以下几方面。

(一)记录和报告影响人类生活的各种灾难

新闻工作者对人类生活中的各种灾难总是保持着很高的敏感度。当地震发生的时候,当民航飞机失踪的时候,当发生绑架事件、恐怖袭击的时候,当发生海啸的时候,当发生洪涝灾害的时候……事发地总会出现各个新闻机构的记者,他们紧张忙碌地了解事实情况,关注事态的发展,并及时发回报道。新闻工作者总是在尽可能短的时间内向受众传递事态变化的情况,使其获知最新的信息。

(二)实施新闻舆论监督

新闻舆论监督是指新闻工作者通过新闻媒体的报道、评论,针对国家、政党、社会团体、公职人员的公务行为以及社会上一切有悖于法律和道德的行为进行曝光、揭露、批评、抨击时弊,抑恶扬善。如果一个国家的民主政治氛围浓厚,那么,其舆论监督通常具有这样的特性和优势,即公开透明、快速及时、影响广泛、揭露深刻等。舆论监督没有强制力,但深刻影响着政治、经济和社会生活。

需要指出的是,并不是新闻工作者本身发出了新闻的舆论监督威力,而是新闻工作者所表达的民意,以及使民意得以表达的相关民主制度保障。公共权力只有公开了、透明了,人民的知情权、言论自由权才有可能实现,才可以实现参与国家政治活动的权利和自由,监督公共权力。就是在此框架内,新闻舆论监督才得以实施,也才能发挥新闻工作者的监督功能。

(三)预设可能到来的危机

当危机即将发生时,新闻传播者应对其动向进行及时报道,引导受众做好防御准备。就台风而言,新闻媒体应配合气象部门,及时预报台风将至的消息,包括台风的行程、危害程度、抵御措施等。当然新闻传播者对社会的预警不仅限于自然灾害,也涉及社会危机,方式也不仅限于新闻报道,还可运用新闻评论。

第二节 融媒时代新闻传播者的素质要求

融媒时代,新闻传播者只有不断加强自身的素质建设,才能够使自身的能力得到提升,才能在日趋激烈的竞争中取胜,具体来说,融媒时代新闻传播者应该具有以下几方面的素质。

一、理论素质

新闻工作者的理论素质是指新闻工作者能够正确地运用辩

证唯物主义和历史唯物主义的观点与方法来观察、分析事物,坚持正确的政治立场和方向,树立牢固的群众观点,深入实际调查研究,做出真实的、正确的报道的素质。理论素质是决定一名新闻工作者能否正确地履行自己职责的关键因素。具体来说,新闻工作者的理论素质主要表现在以下几方面。

(一)知识广博

新闻工作者面对的是纷繁复杂的社会现实,各个领域的社会问题扑面而来,不断变化,交叉缠绕在一起,没有广博的知识,新闻工作者视野不够开阔,就很难对新闻事件作深入的观察和分析。因此,新闻工作者要有广博的知识,广泛地涉猎各个学科的知识,包括文学、哲学、社会学、历史、地理、心理学、经济学、法学等,既要"博"又要"专",既要"杂"又要"精"。① 对此,老记者商恺在《致青年记者 60 封信》中指出,作为记者,必须要具备以下五个层次的知识:"第一个层次是基础知识,包括马列主义基础和哲学、逻辑学、经济学、政治学、文学、美学、语言学基础。第二个层次是专业知识,包括新闻理论知识、新闻史知识和新闻业务各个方面的知识。第三个层次是一般知识,包括历史、地理、社会学、管理学、心理学、教育学、法学、军事学、公关学等。第四个层次是略有所知的知识,包括音乐、戏剧、美术、体育、医学、天文学、地质学、人类学、数学、物理学、化学、生物学、考古学等。第五个层次是社会知识,指要到现实社会中去学的知识,那些书本上得不到的知识。"这五个层次的知识也是新闻传播者所应当具备的,但新闻工作者除了要具备以上五个层次的知识外,还应该具备外语知识、计算机知识、新媒体知识等。

一个博学多识的新闻工作者的新闻敏感度更高,也越能熟练地报道和评论自己所擅长的领域里的新闻事实。所以,新闻工作者要树立终身学习的理念,不断积累、扩充和完善自身的知识储

---

① 刘凡,杨萍.新编新闻学概论[M]广州:暨南大学出版社,2011:253.

备,做到厚积而薄发。

(二)具有深厚的新闻理论根底

新闻理论是对新闻规律的概括,是实际经验的总结,新闻理论系统地阐明了新闻的本原和特点、新闻事业的功能、新闻工作的基本原则等重要问题,能对新闻实践产生指导作用,减少新闻工作的盲目性。新闻工作者要具有深厚的新闻理论根底,否则有些问题就会认识不清甚至认识错误,也容易走入误区。

(三)熟悉马克思主义理论

作为科学的世界观和方法论,马克思主义特别是马克思主义哲学,如马克思主义关于物质和意识、认识和实践的关系,世界的联系、运动、变化与发展的道理,对立统一规律,现象与本质的关系等理论,最能启人心智。特别是物质第一性、实践第一、对立统一的观点,是认识和掌握世界的金钥匙,是唯心主义和形而上学的克星。因此,作为新闻工作者,必须要懂得马克思主义理论,坚持马克思主义唯物史观,正确认识社会发展规律,正确分析国内外形势,善于透过现象看本质,只有这样,才能够提高自己的判断力,及时地识别各种错误思潮,并把报道新闻上升到哲学的高度,做到客观、公正、诚信。

二、政治素质

新闻的意识形态属性和新闻事业的职责,要求新闻传播者应具备良好的政治素质,具体包括以下几方面。

(一)政治预见性

政治预见性就是政治洞察力,是指新闻工作者胸怀全局地观察、分析并解决问题的综合能力。[①] 只有站得高,看得远,具有敏锐的政治预见性,新闻工作者才能不为假象所迷惑,才能预测到事物发展的趋势及结局,才能做到顺应自然,按客观规律办事,增强报道的科学性和先见之明。

(二)政治敏感性

政治敏感性是衡量新闻传播者政治是否合格的首要标准。新闻传播者应当坚持用邓小平理论和"三个代表"重要思想武装广大新闻传播者的头脑、指导工作实践。要突出抓好政治信仰、政治理念、政治意识和政治品德教育,不断增强从业人员贯彻执行党的基本理论、基本路线、基本纲领、基本经验的自觉性和坚定性,真正使广大新闻传播者成为宣传贯彻党的路线、方针和政策的中坚力量,成为推进社会主义现代化建设的骨干力量。

(三)政治责任感

在新闻传播者所有素质中,对社会的责任感最重要。新闻传播者应具有"先天下之忧而忧,后天下之乐而乐"的远大抱负,并时时处处都感到自己的责任。所谓责任,就是在新闻工作中自觉地把自己手中的笔和文章,与国家和人民的根本利益联系起来,正确对待和处理每一件新闻报道的负责精神和严肃态度,做到"有关大众事多做,无益国家事莫为"。

(四)政治坚定性

所谓政治坚定性,就是在我国,无论何时何地,在任何情况下,都要坚定社会主义方向不动摇,坚持党的基本路线不动摇,坚持走中国特色社会主义道路不动摇。新闻工作不仅具有传播新闻信息的作用,还是社会主义制度下的思想政治工作手段之一,具有联系群众、动员组织群众、宣传教育群众的功能。这就要求

---

① 刘建勋.新闻传播理论与概要[M].北京:北京大学出版社,2007:121.

每一个新闻工作者都要坚定对社会主义的信念、马克思主义的信仰和对改革融合现代化建设的信心,树立正确的世界观、人生观、价值观,时刻保持政治上的清醒和坚定,善于识别和抵御各种错误思潮的侵蚀,抵制拜金主义、享乐主义和极端个人主义的诱惑,树立强烈的事业心和高度的责任感,一切从大局出发,奋勇拼搏,淡泊名利,乐于奉献,经受住各种风浪的考验,成为一名坚定的社会主义新闻工作者。

(五)立场坚定性

新闻工作者要坚定地站在党性和党的政策的立场上,站在维护中国人民利益和世界人民利益的立场上,站在维护党和国家、民族的根本利益的立场上,应以党和人民的意愿为出发点和落脚点。毛泽东曾经要求新闻工作者要有"五不怕"的精神:"这'五不怕'包括:一不怕撤职,二不怕开除党籍,三不怕老婆离婚,四不怕坐牢,五不怕杀头。有了这五不怕的准备,就敢于实事求是,敢于坚持真理了。"

(六)热爱人民群众

穆青说:"干新闻工作是需要积累各种资料的。有题材的积累、主题的积累、语言的积累等,但是,最重要、最根本的是思想感情的积累。这是一种无形的积累,是无法用几千张、几万张卡片衡量其价值和分量的。说到底,对人民群众的思想感情问题,是立场问题,人生观问题。这是记者素质最为重要的方面。"作为人民群众的代言人,新闻传播者具有"俯首甘为孺子牛"的情怀,要像焦裕禄那样热爱人民群众,经常到群众中去,真心诚意与群众交朋友,与群众打成一片。新闻传播者要深入人民群众生活,时刻想群众之所想,说群众之想说,真正在感情上做到与人民群众同呼吸、共命运。

(七)熟悉政策方针

新闻与政策之间具有密切的联系。新闻报道要宣传政策,解释政策,还要体现政策,并且为完善或制定新的政策提供依据。在许多场合,新闻传播者往往被视为政策的化身。政策新闻通常都具有较强的政治性。因此,熟悉政策方针是新闻传播者的一种重要素质,是衡量新闻传播者优劣的一个重要条件。这就要求新闻传播者要具有政策意识和政策水平。

政策意识是指头脑里始终要有"政策"二字,时时处处讲政策,按政策办事,用政策衡量和检验新闻事实与新闻报道,而不是随心所欲信口开河,也不是人云亦云,糊里糊涂,更不是对着政策唱反调出风头。

政策水平是指熟悉政策内容及其发展变化,理解政策准确,阐释政策正确,报道完全符合有关政策的精神,其中的提法或观点持之有据,符合政策的规定或精神,甚至能发现某项政策的偏差或缺陷。政策是国家政权机关为实现一定时期的政治、经济目的而制定的行动准则和措施办法,与领导人的讲话大有关系,但并不等同于领导人的讲话。领导人的某些讲话,可能是制定政策的指导思想,可能是针对某时地某具体问题而发的,对这个具体问题有意义,不一定具有普遍意义。

新闻传播者的政策意识和政策水平,要以国家的基本政策为准绳。政策有总分之别,大小之分,总政策管分政策,大政策管小政策,地方的政策要服从中央的政策。这些都是新闻传播者政策意识和政策水平的重要内容。

三、业务素质

新闻工作者要胜任自己的工作,必须具备较强的业务能力。当前,新闻工作者的业务素质主要表现在以下几方面。

(一)新闻敏感能力

新闻敏感能力是新闻工作者捕捉生活变动的信息与衡量信息是否具有新闻价值的能力。新闻敏感能力是新闻工作者必须具备的业务素质。时间永不停滞,信息变化万千,再有价值的新闻信息,如果不趁势适时地抓住就很容易消逝。这就要求新闻工作者拥有高度的新闻敏感能力,见微知著,及时发现新闻线索,筛选出最有价值的新闻,甚至能够预测新闻事件的发生,先人一步。要做到这些,新闻工作者不仅要有天赋的智慧与机敏,还要有高度的政治判断力,勤思善虑,博闻强记,长时间游走在生活第一线,反复实践。概括来说,新闻工作者的新闻敏感能力具体表现在以下几方面。

第一,察往知来,预见可能出现的新闻事实。

第二,平中见奇,透过一般现象发现新闻线索或事实。

第三,慧眼识珠,鉴别某一新闻事件(事物)中最重要的元素。

第四,一斑窥豹,判断某一新闻背后是否藏带更重要的新闻。

第五,由此及彼,测定新闻可能产生的社会效应。

第六,迅速判断,对新闻事实以最快的速度做出新闻价值判断,不迅速即不灵敏,便与新闻敏感无缘。

第七,同中见异,于多种新闻线索或新闻事实中拈出最有新闻价值的事实或线索。

(二)采编工具驾驭能力

作为现代新闻工作者,还要具有驾驭采编工具的能力,熟练使用电脑、录音机、照相机、摄像机、扫描仪、电子照排以及其他先进的数码仪器设备等工具,以达到采制多媒体的新闻素材的目的。甚至还要学会驾驶汽车等现代交通工具,这样才能满足日益激烈的新闻竞争需要。

(三)文字表达能力

写作和报道是新闻工作的最后落脚点。广播电视、数字媒体虽然有更丰富多样的信息传递方式,但写作技巧和文字表达能力仍然是新闻传播者最主要的基本功之一。这种能力包括严密的逻辑思维能力、丰富的语言知识及运用能力、大量的词汇和良好的修辞能力以及流利的谈话、翻译、评论能力。新闻工作强调反应敏捷的速度，但受众对新闻作品的认可是离不开传播者作品的最终呈现方式的。

(四)调查研究能力

调查研究是各行各业使用广泛的一种工作方法，是人们开展得最多的一种社会活动。例如，领导干部的调查研究，政工人员的调查研究，司法人员的调查研究，学者和研究人员的调查研究，市场营销人员的调查研究，等等。与其他人员的调查研究不同，新闻传播者进行调查研究主要是为了传播，要在短时间内快速完成，务求高效，不可能从容不迫。唯其如此，对于新闻传播者，调查研究是一种最基本也是最重要的能力。

新闻传播者的调查研究能力是一个综合指标，既包括善于了解调查研究的具体任务，也包括正确使用调查研究方法。其集中体现，乃是迅速地采集新闻事实和深入地分析新闻事实的能力。能否及时地发现事实，了解事实，选择事实，核实事实，追踪事实，最后报道事实，这是检测新闻传播者调查研究能力的试金石。

在新闻传播者的调查研究中，现场调查和资料调查有着突出的意义。许多新闻事实发生在现场，新闻报道要现场感强。百闻不如一见，只要有可能，记者就要设法到新闻现场实地察看。最有效的新闻采访手段是直接观察，最优秀的报道往往来自记者的直接观察。因此进行现场采访乃是新闻传播者经常性的工作。而现场采访，把现场情景看清楚，把事实的背景和因果关系弄明白，是十分紧张而复杂的劳动，最见功力。只有调查研究能力很强的新闻记者，才有可能真正掌握事实的真相、实情。

(五)图像和版面时空表达能力

图像和版面时空表达能力也是新闻工作者要具备的能力。新闻工作者要善于利用图片的各种框架、色彩的元素，实行图文有机配合，达到图文并茂的效果。同时，也要充分利用各种新闻编辑、编排手段,调动受众的阅读、审美兴趣,达到最佳的新闻传播效果。

(六)传媒技术能力

新闻工作者还要具有传媒技术能力,具体包括网络新闻资讯采编、CorelDraw、数字编辑与排版、网页制作、数字摄影、摄像与编辑、非线性编辑、Flash 动画、电视节目制作、AE 后期制作、影视后期制作、MAYA 后期合成、标志及 POP 设计、流媒体设计制作、三维立体 3Ds MAX 应用,等等。

(七)社会活动能力

要快速、广泛地采集并发布新闻,新闻工作者就必须与社会上各个阶层、各个行业的人打交道,只有广泛而深入的社会活动,才可能抓住社会的新动向、萌芽的事物、潜在的问题和弊端。《南方周末》记者傅剑锋曾写过一篇名为《神雕之死》的报道,在"记者手记"中,作者讲述了新闻事实采集的曲折过程:因为是一篇揭露性报道,记者一方面要保护提供线索的线人,获得对方的信任;另一方面,对于虐杀金雕的贩卖者,记者又需要乔装打扮,隐瞒身份对其进行暗访,要掌握真实情况,就不能令对方产生怀疑。这考验一个记者与各种人物打交道的能力,无论"黑道""白道",需凭借记者的智慧和应变能力,才能从容应对。因此,作为一个社会活动家,新闻工作者要具有纵横驰骋的社会活动能力。这就要求新闻工作者做到以下两方面。

第一,建立起自己的社会关系网络,作为自己的信息源、线索源。另外,新闻工作者要准确地把握领导机关的动向,经常出没于政府机构之间,与领导和上层人物打交道时做到举止适度,有礼用心。

第二,浪迹于江河湖海之间,真诚地与普通群众交往,及时了解人民群众的工作和生活。只有这样,新闻工作者才能起到上情下达、下情上传、左右情互连的作用,才能寻找到有价值的新闻线索,搜集到全面的报道材料。

(八)法律保障能力

新闻工作者要依法从事新闻传播工作,自觉地尊重和捍卫公民的合法权益和社会的公共利益,自觉地宣传法律,引导人们遵守宪法和法律,为社会培养实行法治的坚实基础。同时,他们应该自觉维护法律的尊严,在法律允许的条件下,对于各种违法现象实施舆论监督,并运用法律来保护自己的正当权益。

四、作风素质

作风素质是新闻传播者在思想上、工作上、生活上表现出来的状态。优良的作风素质是做好新闻工作的前提,具体来说,新闻传播者应做到以下几点。

(一)实事求是

新闻工作中的一切正确的思想、计划、方案都是从新闻工作实践中来,都是以客观存在的现实为基础的。新闻传播者的主观能动性在于正确认识客观事物,掌握和运用客观规律,但是要想得到新闻工作预想的结果,一定要使自己的思想合于客观外界的规律性,否则,就会使新闻工作背离新闻实际。想问题、办事情,必须尊重客观实际,不能从主观愿望出发。

(二)艰苦奋斗

艰苦奋斗从表象来看是新闻传播者的工作、生活作风,但其实质则是新闻事业党性在个体身上的集中反映。需要广大新闻传播者时刻保持清醒头脑,从工作、生活的小事入手,规范自身的一言一行,努力做到防微杜渐。要时刻保持清醒的头脑。要客观地看待新闻工作,不断在实践中树立和巩固服务社会,服务群众的观念。不能将新闻工作作为凌驾于人民群众之上的资本,作为享受的资格。

树立艰苦奋斗作风,就要与人民群众同呼吸共命运。新闻传播者丢掉了谦虚谨慎、艰苦奋斗的优良传统和作风,就会不思进取、贪图享乐,就会对群众的痛苦漠然置之、对群众的呼声充耳不闻,就必然要脱离群众、怕见群众。因此,大力发扬艰苦奋斗的作风,关键一点就是努力维护和发展好群众利益,保持与群众的鱼水深情。

(三)严谨细致

正确的舆论导向是新闻工作的生命,离不开细致周密的工作,采取科学有效的传播手段,才能达到"贴近实际、贴近生活、贴近群众"的舆论宣传要求。新闻宣传工作,必须有效地把体现党的意志与反映人民心声统一起来,严谨细致地改进新闻宣传。是否严谨细致,直接影响党的路线方针的宣传和贯彻,直接影响思想政治工作的效果。广大新闻传播者一定要树立起严谨细致的工作作风。

(四)吃苦耐劳

新闻传播工作很艰苦,新闻工作者要特别肯干,特别能做事,要不怕苦,不怕累,临危不惧,不贪图享乐,不懒惰懈怠,不贪生怕死,不饱食终日而无所用心,要勤劳朴实,终生奋斗,体尝疾苦,保持与群众的鱼水深情,与人民群众同呼吸共命运,不畏艰难,意志坚强,自强不息。

(五)爱岗敬业

新闻工作者要以爱岗敬业、甘于奉献为职业准则,将有益于他人、社会、人民、国家和民族作为新闻工作的主要目的,以诚恳的态度、饱满的热情、旺盛的斗志、强烈的责任感和事业心认认真真、尽职尽责地把每一件事做好,创造出辉煌的业绩。

（六）清正廉洁

新闻工作同社会接触面广，工作环境复杂，受到的各种利益诱惑很多。新闻传播者如果不能廉洁自律，追求享受，贪图安逸，拜金主义、享乐主义、极端个人主义等腐朽思想就会乘虚而入，就会滋生腐败现象。因此，要求新闻传播者勤奋工作、艰苦创业、厉行节约、廉洁自律，加强作风建设，树立严于律己、清正廉洁的优良作风。

（七）勇于创新

新闻工作是与时俱进、常干常新的事业，是有着广阔驰骋空间的事业。新闻创新是媒体竞争和发展的必需手段，新闻传播者要想在社会实践中抓住新闻事实的本质，写出有思想深度的报道，就需要树立创新的意识，注意培养自己的创新能力。只有创新，新闻工作才有活力和吸引力，只有创新，才能发展和进步。

第三节　融媒时代新闻传播者的职业道德

融媒时代新闻传播者的职业道德也就是新闻传播者在工作中需要遵守的行为规范和准则。

一、新闻传播者的职业道德要求

我国新闻传播者的职业道德要求主要包括以下几点。

（一）坚持正确的舆论导向

舆论有自在型舆论和自为型舆论两种形态，前者是受众对社会事件或社会热点问题发表的口头或书面言论，具有公开、直接、易变、可塑等特点，有时甚至会带有偏激性和盲目性；后者是前者的升华,是基于事实之上、符合客观规律、反映事物本质的一种科学、理性的观点表达,多表现为政党、新闻媒介通过自觉的传播活动以影响公众而形成的意见和态度。舆论的导向作用非常重要,胡锦涛同志考察人民日报社时强调:"舆论引导正确,利党利国利民;舆论引导错误,误党误国误民。"作为传播社会舆论的重要工具,新闻媒介是党和人民的耳目喉舌,在反映与人民群众切身利益有关的问题时一定要注意对舆论导向的把握。因此,新闻工作者要坚持正确的舆论导向,牢记自己的责任和使命,以人为本,创造健康的舆论氛围,不得宣传色情、凶杀、暴力、愚昧、迷信、有害人们身心健康的内容。与此同时,新闻工作者还要把握舆论引导的主动权,第一时间发布权威信息,满足公众的知情权,在回应网民的质疑时要采用有说服力的言论,引导公众舆论理性发展。

(二)全心全意为人民服务

新闻工作者的根本宗旨就是全心全意为人民服务。新闻是贴近受众需要的,新闻工作者是人民群众的代言人,所以要本着对人民负责的态度,时刻把人民的利益放在心中,想人民之所想,急人民之所急。这一条职业道德体现了我国新闻工作者的职业理念,解决了"为谁"而从事新闻工作的问题。

(三)坚持新闻真实性原则

真实是新闻的生命。坚持新闻的真实性,是对新闻传播者和新闻媒介最基本、也是最重要的要求。新闻媒介要取信于民,必须坚持新闻真实性原则。新闻的真实性是舆论引导的基础,虚假新闻和失实报道必然带来错误的舆论导向,会给公众的认识和行为造成误导。虽然寻求真相的过程可能会困难重重,但新闻传播者应将反映真实、还原客观作为不懈的追求。

(四)发扬优良作风

时代发展过程中会不断出现新问题、新现象,这就要求新闻传播者做到与时俱进,不断学习新知识和新方法。新闻传播者不仅是现实的"报道者",而且是现实的"解释者"。随着公众媒介素养的提高,他们对新闻媒介的要求和期望也越来越高,这也促使新闻传播者必须不断提升自己的政治素质和业务素质。

(五)遵纪守法

遵纪守法集中体现了职业纪律,是新闻职业道德的大前提。虽然新闻媒介有"无冕之王"之称,但也要遵守宪法和法律法规,所作的新闻报道和舆论监督都要在法律许可的范围内进行。同时,新闻工作者也要遵守党的新闻工作纪律,在采访时要维护采访报道对象的合法权益。

(六)坚持改革创新

新闻传媒业的发展日新月异,新媒体、新技术的出现要求新闻传播者紧跟时代步伐,转变媒介生产方式,善于用新的传播手段提升新闻传播效果。同时,新闻媒介之间竞争加剧,媒介从"跑马圈地"的数量增长式发展,逐步转为深度开发、规模扩张、质量取胜和专业化等实力竞拼式的发展。在激烈的竞争中,只有在遵循新闻传播规律的基础上不断改革创新,才能站稳脚跟。传统媒介应树立创新意识,充分利用新媒体技术,多元开发信息资源,创建多媒体信息互动平台,弥补过去传播内容单一化、形式单调化以及互动性不足的弱点。创新体现在多个方面,如体制创新、内容创新、技术创新、理念创新等。

从社会需求角度来看,受众对新闻时效性、现场性、深刻性的要求越来越高,新闻媒介必须以精彩的内容和富有创意的传播策划吸引受众。这就需要新闻传播者深入研究受众需求,提高传播技术,运用多种传播手段,用受众易于接受的方式,最大限度地满足受众的知情权。

(七)促进国际新闻同行的交流与合作

随着社会的不断发展,跨文化传播活动日益增多,新闻工作者时常要在国际交流与对话中进行新闻报道。因此,在世界关注中国的大背景下,新闻工作者需要促进国际新闻同行的交流与合作,提供最新、最全的新闻,树立权威、公正的媒介形象,用事实说话,有理、有据、有节,主动还击那些歪曲报道和错误言论,向世界提供客观的、准确的、全面的、积极的中国形像,向世界传递中国的声音,让世界对中国有一个客观全面的了解,为中国在世界中赢来更重要的位置。

二、融媒时代新闻传播者职业道德失范及其应对策略

(一)新闻传播者职业道德失范的原因

1.利益驱使

当前,新闻媒介的竞争日益激烈,一些媒体急功近利,为了追求高发行量、高收视率,不顾职业道德和社会责任,过分迎合受众的兴趣和猎奇心理,刻意追求有轰动效应的报道。

2.新闻传播者素质参差不齐

新闻传播者的队伍虽然不小,但他们的素质确实参差不齐,有些人作风浮躁,只要有人提供新闻线索,就直接以提供的材料写稿,或依靠网络搜索写稿,既不到现场,也不采访事件当事人,导致新闻报道失实。

3.缺乏完善的媒体考核机制

新闻媒体缺乏完善的考核机制,一些媒体甚至将新闻传播者的工资、奖金与报道量直接挂钩,导致新闻传播者为了自己的利益不惜过分追求新闻报道量,不仅会使报道质量降低,更是产生了大量的有偿新闻、虚假新闻。

4.编辑业务与经营业务混淆

有的报社为减轻生存压力,对很多专版实行包版制,既包版面的编采,又包版面的创收。报社只负责发基本生活费,其他则由版面编辑创收来补充。正因为这样,版面编辑发关系稿、有偿新闻理由充分,这些版成了"自留地"。从中央媒介到地方媒介,都存在要求记者拉广告、分摊征订任务的问题,而且作为基本工作之一,必须完成,否则会受到经济处罚。记者的正面采访就可能变成一种发稿权与广告的交换。这种制度上的要求将使新闻价值和政治宣传价值受到利益的诱惑而被扭曲。广告丰厚的回扣对记者诱惑力很大,于是有的记者或编辑出卖手中的发稿权,使本不具有新闻价值的事件堂而皇之地登上报纸版面,或以新闻的形式发布广告软文。

相关调查报告指出:"受访者认为,有偿新闻禁而不止,并非单纯的从业者职业道德和职业素养问题,其中关系到新闻媒介运作机制的深层次原因,是无法回避的。"

5.部分新闻传播者的生存状况不理想

相关调查显示:被调查的新闻从业人员中,很大一部分没有任何劳动合同,没有工资,没有工作证,没有记者证,没有社会保障。他们中享受病假的仅占少数,享受产假的则更少。在一些媒体里面,那些"体制外的新闻传播者"往往享受不到"正式新闻传播者"的福利和待遇,合法权益得不到保障,身份的流动性使他们面临着许多的尴尬,一些新闻传播者只有拼命写稿来试图改变自己的现状,这在某种程度上也造成了新闻报道煽情、片面、夸张、造假等问题。

6.缺乏有效的监督机制

缺乏有效的监督机制也是新闻传播者道德失范的主要原因。一些新闻媒介认为新闻传播者只要不违反政治原则就可以,对新闻传播者的职业操守监管不严,对虚假新闻、有偿新闻睁一只眼闭一只眼,以宽容的态度放过。

(二)新闻传播者职业道德失范的表现

1.报道失实

报道失实指的是"由于主观或客观的原因,导致新闻报道不符合客观事实,违背了新闻报道的真实性原则"。有些新闻传播者野心勃勃,为了追求名利,想要自己的报道发出之后有轰动的效果,不惜制造假新闻。这种失真的报道很容易对人民群众产生错误的舆论导向作用。

2.贪图安逸

一些新闻传播者不愿深入基层采访,不愿到艰苦地区采访,却热衷于"泡会议""赶场子""发通稿",这同样是有违新闻传播者职业道德规范的。选择了新闻传播工作,其实就是选择了一种生活状态,一种"在路上"的生活状态,它与名利追逐无关,它与安逸享受绝缘。有的新闻传播者过分依赖电话采访和网络采访,坐在办公室里打打电话、上上网、抄抄编编,拼凑一下,一篇稿子就算完成了。有的新闻传播者害怕天气恶劣、条件艰苦,不去一线采访,仅仅依靠二手资料完成报道。有的新闻传播者到了基层,还时时想着好的"待遇",对住宿、伙食、交通等挑肥拣瘦、指手画脚。好新闻是用脚"跑"出来的。新闻报道要体现"贴近性",就必须深入实际去观察、去感受、去调查。只有贴近,才能发现实际中存在的问题;只有贴近,才能透过表象触摸生活的真实;只有贴近,才能有鲜活的内容和真实的感染力;只有贴近,才能了解群众的愿望,写出群众的感受。

近年来,不少媒体纷纷开展"记者下基层"活动。例如,天津人民广播电台多次组织记者参加"新兵训练营",让年轻记者在偏远山区与农户同吃、同住、同劳动;云南日报报业集团的"祖国好,云南红"大型采访活动组织了大批记者深入全省各州、市的厂矿、农村等了解社情、民情。

3. 有偿新闻

有偿新闻就是新闻传播者金钱至上，唯利是图，滥用手中的传播权，把新闻作为有价商品进行出售和交换，为自己谋取利益。有偿新闻主要有五种形式。

第一，打着"协办""赞助""专刊"的旗号收取刊播费用。

第二，记者外出采访时，以辛苦费、车马费、劳务费、误餐费为名收受被采访单位赠送的土特产、礼品、礼金、有价证券等。

第三，出卖版面或播出时间，用一定的版面或时间刊播买方指定的内容，这些内容是广告，是为特定的产品促销。

第四，以批评、曝光相要挟，逼迫被批评对象用财物来作为交换。

第五，以联络感情为借口，接受被采访单位的旅游、观看演出等邀请。

这些表现形式有的容易被识别，有的则带有隐蔽性。有偿新闻的泛滥损害了新闻媒介的公信力，也误导了新闻受众。

有偿新闻的另一变种是"有偿不闻"，就是新闻传播者收受有关单位或个人的贿赂，帮助对方隐瞒本该曝光的负面内容。

4. 低俗炒作

传媒低俗化是指大众传媒在传播活动中放弃自身责任，片面迎合部分受众的低级趣味，如炒作明星绯闻、渲染色情暴力、偷窥他人隐私、强调感官刺激等不良倾向。一些媒体一味追求"注意力经济"，哗众取宠，却忽视了应该承担的社会道义和社会责任。他们把宝贵的版面和时间让位于一些品位不高的事件和人物，在报道中宣扬不健康的生活方式和价值取向，运用煽情性、夸张性的语言对一些本没有太大新闻价值的事件进行大肆渲染，甚至添油加醋，不惜捏造事实，或是一味放大新闻事件中的反常内容和极端内容,如一些案件报道中对犯罪细节的过分渲染。一些媒体在处理新闻报道时,首先想到的不是"新闻性",而是"娱乐性"。媒体的炒作行为源于一种反常的新闻价值观,其用低俗、庸俗、恶俗的信息来刺激受众,满足人们的"猎奇""窥私"心理。

互联网的迅速发展使网络娱乐文化大行其道,各种光怪陆离的现象在网络世界中层出不穷,其中掺杂着大量低俗的内容,一些媒体也成为网络娱乐文化的"跟风者",什么流行就报道什么,全然不理会是否值得报道,也不尊重新闻传播的基本规律。

(三)新闻传播者职业道德失范的应对策略

1.完善相关的法律法规

要促进新闻传播者遵守职业道德,法律有着其强制性的力量。用法律规范媒体、新闻传播者、受众、社会及管理者之间的责任、权利和义务,使新闻传播者在法律的框架内依法行使权利、履行职责。目前,我国对新闻传播活动尚没有出台专门的新闻法,虽然有一些条文散见于法律法规中,但远没有形成完整的体系。新闻立法应该成为当务之急,只有完善了相关的法律规定,新闻媒介和新闻传播者才能有法可依,新闻职业道德才能不断加强,新闻事业才能真正步入良性发展轨道。

2.新闻传播者应加强道德自律

新闻传播者应不断提高自己的政治素质和理论素质,认清自己的使命,树立大局观和公正无私的价值观,增强社会责任感,自觉抵制金钱和物质的诱惑,不懈地追求真理,时刻反省自己的行为,培养高尚的职业道德品质,将遵守新闻职业道德变成自觉行为。

3.形成监管合力

作为社会舆论监督机构的新闻媒介,其本身也需要接受社会各界的监督。应最大限度地发挥各种监管力量的作用。一方面，建立起严格健全的内部监督机制，制定相应的条例，保证规范制度落到实处。另一方面，鼓励公众对新闻媒介进行监督。为社会公众提供一种快速、便捷的举报投诉渠道，处理公众对媒体活动的投诉，并定期公布对公众投诉的处理报告。另外，逐步建立一个媒介信用等级评价机制，对那些报道假新闻、传播低俗恶俗内容的媒体，应降低其信用等级，通过优胜劣汰，促使新闻媒介规范自己的行为。

第五章　融媒时代新闻传播的介质研究

随着互联网等数字新媒介的迅速发展,传统媒介一统天下的局面早已不复存在。各种新兴媒介层出不穷,它们在对传统媒介造成极大的威胁的同时,又凭借数字技术和多媒体技术的广泛应用使新闻传播媒介之间的界限慢慢模糊,而且呈现出融合的趋势。

第一节　纸质媒介研究

纸质媒介也称为印刷媒介,是所有以印刷为复制手段的媒介。

一、纸质媒介的诞生及发展

在传播媒介的演进过程中,文字时代的到来,直接催生了书写媒介的使用,造纸术的发明,改变了信息传播的广度和深度,而印刷术的革命,使得纸质媒介的大众传播成为可能。

(一)造纸术的发明

简单地说,文字的演变,经历了从象形再现到语音系统的过程,是从图画式的绘图表达复杂的概念,发展到用简单的字母示意具体的声音。这些简单的字母,在后来的生产生活过程中,经过标准化,成为最早期的文字。

　　文字出现之后，作为某种共同的编码，成为人类传播活动发展的重大突破之一，但随即人们发现，这些刻于石头、木片、竹片之上的文字难以搬运，其传播功能更是难以实现，传播文字的媒介成为当时最紧迫的需求。约在公元前 2500 年，埃及人发明了用莎草制作纸张的办法，同莎草纸齐名的还有中国的"丝絮纸"和墨西哥的"阿玛特纸"。丝絮纸是由育蚕缫丝取丝绵时留于竹席上的残留丝絮晒干而成，人们改进工艺后制成絮纸，史称"薄小纸"，始于商代。阿玛特纸是由一种叫阿玛特的阔叶树的树皮纤维制成，由印第安族的玛雅人首先发明。①

　　(二)印刷术的革命

　　廉价纸张的问世，是纸质媒介诞生的前提，而印刷术的革命，则为纸质媒介提供了必要的技术条件。讯息可以被大量印刷并快速传播，信息传播的广度和速度都得以实现。

　　早在唐朝初年，中国古代劳动人民就发明了雕版印刷术。这是印刷术的起步，至宋仁宗庆历年间，印刷工人毕昇发明了活字印刷，但这种技术未能得到广泛推广，直至元朝的大德年间，农学家王祯发明了木活字和转轮排字架，活字印刷术才得到广泛使用。

　　印刷术发明之后，印刷新闻的出现改变了信息传播的深度和广度，从 17 世纪开始，印刷术广泛使用于新闻传播活动中，至 19 世纪 30 年代，快速印刷技术开始与报纸的概念相结合，成为一种真正的大众传播媒介——报纸。

二、纸质媒介的常见类型

　　(一)书籍

　　书籍(这里的书籍也包括使用各种材料的、刊载文字图画等

---

① 　童兵.理论新闻传播学导论[M].北京:中国人民大学出版社,2000:96.

各种符号的装订册)最早出现于中国,因为中国最早有印刷术。公元868年,中国已开始印刷佛教教义《金刚经》。这是世界上有记载的第一本书。欧洲印刷术起初也是用于印制书籍,传播思想和知识,推动了文化和教育的发展,促进了文艺复兴和思想启蒙运动。

与其他印刷媒介相比,书籍容量大,内容专,既适于传播系统化的知识,又便于探讨深奥的理论,还有保存和查阅方便的长处。但书籍出版周期长,成本高,广告少,价格贵,因此书籍不宜刊载时效性强的内容。

(二)报纸

报纸是以刊载新闻和时事评论为主的定期连续向公众发行的散页出版物,[①]报纸的出现,意味着人类新闻事业的开端。报纸作为最早的大众新闻传媒,是资本主义经济发展到一定历史阶段的产物。世界上早期的报纸多为周报,如德国于1609年创办的《通告、报道与新闻报》、1615年创办的《法兰克福新闻》均为周报。1815年,中国第一份近代报刊《察世俗每月统计传》在马六甲海峡出版。在中国境内创办的第一种中文报纸则是瓦剌报馆于1858年初创办的《香港船头货价纸》。1925年,中国共产党创办了第一张日报《热血日报》。

20世纪初期,新科技革命带来了广播电台和电视台,彻底改变了新闻传播媒介的整体格局,出现了报纸、广播和电视三分天下的局面,人类新闻事业从此进入了现代新闻事业阶段。在这一时期,报纸不仅受到了其他新闻传播媒介竞争的挑战,自身也发生了很大变化,具体表现在商业化报纸的大量出现、更大程度的社会化以及垄断趋势的日益增强,而这也成为现代报业的主要标志。

---

① 甘惜分.新闻学大辞典[M].郑州:河南人民出版社,1993:65.

1.报纸的分类

根据不同的分类方式,报纸可以分为不同类型,下面介绍几类基本的分类。

(1)根据办报方针进行分类

根据办报方针,可以将报纸划分为以下三类。

①党报

党报是指党和政府指导各项工作的重要舆论工具,是旨在为教育群众、引导社会舆论和维护政府权威及其良好形象的报纸,是党和政府系统的有机组成部分,如《人民日报》《解放日报》《新华日报》《大众日报》等。

②都市类报纸

都市类报纸是指对都市和城市中新近发生的事实进行报道的报纸,如《扬子晚报》《新民晚报》《新京报》等。

③专业性报纸

专业性报纸是指对专业领域、行业内部新近发生的事实进行报道的报纸,这类报纸往往受众针对性较强,如《农民日报》《工人日报》《人民铁道报》《中国电力报》等。

(2)根据报纸传播信息领域进行分类

根据报纸传播信息领域,可以将报纸分为很多种,常见的有以下几种。

①经济类报纸

经济类报纸是指报道国内外经济发展动态,经济领域新情况、新现象和新问题的报纸,如《经济日报》《21世纪经济报道》《第一财经日报》。

②时政类报纸

时政类报纸是指报道国内外时事政治和世界各国政治局势发展动态的报纸,如《人民日报》《环球时报》等。

③娱乐类报纸

娱乐类报纸是指报道国内外娱乐活动、明星动态等信息的报纸,如《中国电影报》《舞台与银幕》等。

④体育类报纸

体育类报纸是指报道国内外体坛盛会、体育界发展动态的报纸,如《体坛周报》《足球报》等。

⑤法制类报纸

法制类报纸是指报道法制发展变化情况和问题的报纸,如《法制日报》等。

⑥生活服务类报纸

生活服务类报纸是指以人民群众日常生活中衣、食、住、行等需求为报道对象,以提高人们的物质和精神文化生活水平的报纸,如《美食导报》《精品购物指南》《房地产时报》等。

以上是报纸的几种分类方法,此外还有其他分类方法,如按照报纸刊登的期数分,还可以分为日报、周报等,因篇幅有限就不一一赘述。

2.报纸的功能

报纸具有显著的功能,概括来说主要包括以下几种。

(1)传播知识,提供教育

报纸最大的好处,就是它每日都能干预运动,能够成为运动的喉舌,能够反映丰富多彩的每日事件,能够使人民和人民的报刊发生不断的、生动活泼的联系。报纸上的新闻信息既包括全世界各领域、各行业的最新情况和最新成果,也包括人们日常工作和生活中各个方面的变化。读者在阅读过程中的收获很多都是学校教育所没有的,而且报纸中这些内容的信息量远比教科书要丰富得多。当然,由于报纸面对的受众教育水平参差不齐,因此在传递信息时,要尽量使用大众化和通俗化的语言表达方式,以便使广大读者能清晰而准确地理解新闻信息的内容。

(2)传播信息,沟通情况

报纸传播的基本目的就是传播信息,沟通情况,把新近发生的事实以最迅速的方式告诉给读者,让读者能及时了解客观世界的变化和发展。针对社会上存在的新问题、新情况、新现象,报纸不仅要对表象进行反映,还要通过解释性报道、调查性报告等形式,透过现象挖掘潜藏着的事实的本质。报纸不仅通过刊载新闻的方式来传递信息、沟通情况,还可以通过评论的方式来透露一些新信息,如党和政府的新指示和新精神等。读者也可以通过报纸开设的评论专栏来发表意见,有利于让各种观点都能够得到很好的交流和沟通。

(3)进行宣传,引导舆论

报纸具有非常强大的宣传作用,它通过信息传播,使读者了解现阶段党和政府的路线、方针、政策和基本决策,引导读者往正确的方向前进;使读者认识到目前国家政治和经济发展的现状、努力的目标以及社会理想,团结全国各族人民,为实现共同目标而努力奋斗;使读者认识到国家的法制建设、民族政策和宗教政策,促进读者建立社会主义荣辱观,维护社会治安,保障国家的安定团结;使读者树立正确的世界观、人生观和价值观,在平时端正言行,做到自律和他律,从而做到物质文明和精神文明相结合。

要发挥报纸的宣传作用,就要通过反映、影响和引导舆论来实现。舆论学创始人李普曼认为"舆论是公众或许多人对他们共同关心或感兴趣的问题(或事件)公开发表出来的意见"[①]。报纸可以通过加大报道力度,使更多人关注某一新闻事件发展的动态,起到议程设置的作用,从而形成新的舆论,对受众的思想和行为产生影响。除了引导舆论外,舆论监督也必不可少,报纸能够对政府施政、个人言行或其他社会现象进行监督,有利于维护社会安定和公共秩序。

(4)刊登广告,获得利润

报纸的主要经济来源是广告,刊登广告有利于实现报纸、广告商和消费者的"三赢"。报纸通过刊登广告收取广告费而获得经济收益;消费者通过接受广告信息形成消费行为并且满足其需

---

① 丰纯高.新闻理论基础[M].北京:中国传媒大学出版社,2006:121.

求;广告商通过刊登广告,可以让消费者在最短的时间内接触产品,提高购买率,而且报纸的传播范围很广,有利于提高广告商产品的宣传力度。需要注意的是,报纸在刊登广告时要注意社会效益和经济效益的统一,要对广告严格把关,防止不良广告进入流通渠道,影响消费市场。

(5)提供娱乐,陶冶情操

随着物质文化生活水平的提高,人们对报纸的服务性和娱乐性有了新的需求。报纸的专刊和副刊就承担着服务和娱乐的主要任务。报纸上刊登的漫画、连载小说、生活休闲类和娱乐界新闻报道等,都能让读者感到轻松和愉悦。现在针对丰富日常生活的报道也越来越多,如报道休闲娱乐、购物旅游、居室装修、卫生保健、服饰化妆、烹饪美食等内容,同时还包括大量生活消费方面的热点、时尚等,这些服务性的报道既有利于提高人们的生活质量,还有利于丰富全民的精神生活。

3.报纸的优势

报纸作为现代社会生活举足轻重的新闻传播媒介之一,有着独特的优势。

(1)易保存,有利于流传后世

手抄文字时期,人们为传递信息,采用很多传播载体。在我国古代,相继出现的文字记录载体就有甲骨、青铜器、石刻、简册、缣帛、纸等。这些载体有的价格昂贵,有的体积庞大,而且很多材料无法长久保存下去,流传范围有限。报纸则有轻薄、价廉的优点,特别是后来印刷术的出现使文字一般不容易褪去,容易保存,甚至能流传于子孙后代。

(2)刊载的新闻具有深广性

报纸的报道内容既可简明扼要、点到为止,又可以详尽分析,展开述评,体裁也包罗万象。

(3)阅读选择比较自由

报纸是非线性的传播模式,一份报纸在手,受众对于某个板块、某篇报道,可以选择看或不看、先看或是后看、详看或是略看,受众不需要根据编辑的思路,顺着他人安排的路径去接受信息,也不必去看大量不感兴趣的版面,没有时间的限制,甚至可以将报纸寄存,等闲下来之后再安排时间阅读。相较于稍纵即逝、无法避开广告的广播电视来说,报纸对于读者在阅读体验上的感受,是要好得多的。

（4）携带方便

报纸不受时空范围的限制,读报时间和读报地点可以由读者自由掌握和控制。读者可以在地铁、办公室、家里、公园里读报,可以在一天之中的任何空闲时候读报,在这一点上读者的主动性很强。

（5）阅读率比较高

报纸具有稳定的物质形态,以纸张作为载体,文字记录信息,读者看得见、摸得着。相较于口耳传播,信息能够以确定的形式被记录下来,可以被反复阅读,甚至作为资料收藏,多年之后依旧具有阅读价值,麦克卢汉曾说,报纸就像口香糖一样,具有反复品味的魅力。此外,报纸价格低廉,又多以散页形式呈现,便于分享,传阅率较高。

4.报纸的局限性

随着科学技术的进步以及人类新闻传播事业的发展,在报纸之后出现了广播电台、电视台和互联网等传媒,和这些大众传媒相比,报纸存在一定局限性和弱点。

（1）对读者的文化程度要求高

报纸是以印刷文字的形式向读者传递新闻信息的媒介,这意味着它对读者的文化素质有一定的要求。没有接受过教育,目不识丁的受众是无法阅读报纸的,而文化水平较低的读者可能会对报纸上的信息出现误读、错读的问题,最终导致新闻传播没有朝传播者预期的方向发展。因此报纸的受众必须接受过一定的教育,并且对报纸传递的新闻信息有能力正确理解。

（2）与电视的声像一体相比，略显枯燥

报纸传播新闻信息的方式是依靠文字和图片，内容呈现渠道比较单一，相对于电视的声形并茂来说，显得过于静态和枯燥，倘若信息量相同，受众自然愿意选择声像俱美的电视传媒。

（3）时效性偏弱，传播不够广泛

和手抄时期的传播比，印刷报纸突破了时空限制，能够在较短时间内把大量信息传播到千家万户。而广播电台、电视台、互联网在时效性上更加迅捷，现场直播、实况播映等方式使受众能在第一时间清晰地感受到来自世界各地的重大新闻事件。相比之下，报纸受到工作程序的影响，不可能实现现场直播，因此在时效性和传播范围上面的优势并不明显。

（4）容量受限制

报纸的容量很大，但是要受到版面空间的限制，而网络有无限宽广的内容空间。

（5）和网络相比，互动性不够强

报纸和读者之间的联系，可以通过读者来信、读者座谈等形式实现，报社编辑部通常通过这些形式来接受反馈信息，以便更好地调整自己的版面和报道内容，但这种方式耗时长久，而且效果不是很好。尤其和双向互动性非常强的网络媒介相比，报纸传受双方的互动性并不强。

（三）期刊

期刊又被称为杂志，有一定的刊名，连续出版。出版周期一般在一星期或以上，一年以内。

期刊的出版周期比报纸长，在时效上不如报纸，但期刊时间的相对充裕使其对同一事件的材料收集和分析、写作，可以更充分、深入、精到。在报纸进入"厚报时代"以后，期刊的这些长处又日益被厚报吸纳。但期刊仍可利用其受众面窄、针对性强、内容选择精、日刷质量高、保存和查阅方便等特点，保持相对优势并开辟新的领域。

在国外,杂志细分的特点非常突出。例如,女性杂志年龄段可以细分到 3～5 岁,有专为 17 岁少女编的刊物就叫《17 岁》,还有专门为职业单身母亲编的 *Working Single Mother*。杂交也是期刊的细分方法之一。比如健康与美容、美食结合,文学与时尚结合。

三、融媒时代的纸质媒介

传统报纸的劣势在于,囿于截稿时间和排版、印刷等环节,新闻传播的时效性较差。新闻信息只能通过文字、图片等静态符号来展现,现场感、生动性不够。互动性表现出间接、延时的特点。互联网显然可以弥补传统报纸的弱势。这就需要报纸媒体树立开放的心态,积极与互联网展开合作,借助网络力量,提升传播能力。

(一)报网互动

"报网互动"是近几年媒介领域颇为流行的一个词。报网互动是指报纸与网络发挥各自的优势,展开多层面的合作与互动。[①]报纸建立自己的网站,依托网络平台,优化新闻报道流程,这是报网互动的前提。报网互动主要有四个层次:第一个层次是纯技术层面的互动,即报纸利用网络平台发布信息产品,这也是最为初级的报网互动。第二个层次是内容层面的互动,即新闻生产环节的互动,这是报网互动当中最核心的内容。第三个层次是发行、广告层面的互动。第四个层次是品牌层面的互动,包括大型媒体活动中的报网互动,以及媒体品牌传播、体制创新中的报网互动,其建立在前面三个层次的基础之上。

(二)全媒体再造

网络技术和新媒体的发展使媒介呈现融合的趋势。不少传

---

① 刘凡,杨萍.新编新闻学概论[M].广州:暨南大学出版社,2011:272.

统媒介在转型的过程中,提出了"全媒体"的概念。全媒体,顾名思义,即突破媒介界限,建立在整合和融合基础之上的,能综合运用多种表现形式进行新闻传播的综合性媒介平台。从其内涵来讲,全媒体不仅仅是指人们直接能感受到的传播内容的多媒体表现,而且应该包括全媒体观念、全媒体采编、全媒体经营等内容。

就报纸媒体而言,全媒体战略就是打破传播介质和表现形态的束缚,利用互联网、移动终端等新媒体技术,改变原有的单一纸质媒介传播方式,将新闻传播延伸至其他载体,建立组合式的、跨媒体的内容发布平台。

在全媒体理念之下,报纸记者不再只是文字记者或摄影记者,而是全媒体记者,即能熟练使用多种采访工具、采用多种报道方式来完成报道。

全媒体的新闻制作方式,必然要求媒介组织建立新的新闻采编流程,采集新闻素材,根据不同受众的接受特点进行加工,制成不同的新闻产品,最后通过不同的传播渠道(媒体)传播给受众。

第二节　电子媒介研究

电子媒介是利用电子技术,以电磁、电光、电子、微电子等为介质,大都通过无线电波或导线进行传播的媒介。

一、电子媒介的常见类型

(一)广播

广播是通过无线电波或导线向广大地区传送声音的新闻传播媒介。无线的广播有调幅和调频。调幅有短波、中波和长波。新时期,伴随着数字化蔓延,数字化广播也逐渐出现,并以其抗干扰、高保真、便于储存、可通过网络传输、可附带文字和图像等优势,代表着广播新的发展趋势。

1.广播的发展

1920 年 11 月 2 日,由美国匹兹堡西屋电气公司开办的 KD-KA 开播,这是世界上第一座有正式营业执照的广播电台,以新闻节目的播出为主,对于美国总统候选人哈定和柯克斯的竞选播报,使其名声大振。之后,法国和苏联也分别于 1921 年和 1922 年建立了自己的广播电台。随着电台的日益增多,为了协调国际间的电波使用秩序,1925 年国际广播联盟在日内瓦成立。1927 年 10 月,国际广播联盟在华盛顿召开世界广播大会,决定把全世界的广播地域分成 15 个波长带,制定了频率分配表,使各国电台广播不至于相互干扰。广播出现后迅速在世界各国普遍发展起来,不仅广播电台的数量快速增加,节目类型也日渐多样,内容不断丰富。[①]

2.广播的优势

作为一种新闻媒介,广播具有以下几个方面的优势。

(1)传播快捷,时效性强

第一,广播开创之初,其主要功能还是以娱乐、商业广告为主。直到第二次世界大战前夕,由于人们急于获知战争情况,广播的快捷特点满足了人们先知先觉的需求,于是广播新闻得到了空前的重视。

第二,广播是以电波为载体,电波的速度为每秒 30 万公里,相当于绕地球七圈半,传播到收听者的时间差几乎等于零。

第三,广播新闻制作手续简单,可以免去报纸排版、印刷、折叠、运输等多项工序,加快了新闻的流通速度,加大了新闻节目的容量,加速了新闻的时效。

第四,广播新闻的"滚动式"传播使其"快"的优势得到了充分

---

① 骆正林.新闻理论教程[M].北京:北京大学出版社,2010:95.

发挥。以美国总统里根遇刺的新闻传播为例:1981年3月30日下午2点25分里根遇刺,美国广播公司2分钟后就开始接二连三的滚动报道,哥伦比亚广播公司4分钟过后开始现场报道。其后,各家广播公司各显神通,不断滚动播出各种相关信息和最新动态。几小时后,报纸才有相关报道。

至于对正在发生的新闻事件的现场直接广播是新闻报道中最快的形式,被称为同步广播。同步广播的特征是新闻事件的发展变化与新闻节目报道、播出同时进行。一件引人注目的新闻事件,一个重要的大会,一次盛大的活动,一场精彩的球赛⋯⋯通过电台的转播,可以使千里之外的人们如同近在咫尺。

就总体而言,现在电子新闻传媒的报道时效性高于印刷媒介,而在电子媒介中广播又快于电视,这是广播的最大优势,因此,在事实无误、观点正确的前提下,广播电台要争取做到"先声夺人、贵在神速、分秒必争、以快取胜"。

(2)声情并茂,感染力强

报纸传播信息主要依靠文字符号(兼有静止照片或图画)。文字符号尽管也作用于人的视觉器官,但它不是直接的形象,它主要通过阅读转换成有声语言,经过联想才能获得事物的形象,从而深刻理解事物。

广播是唯一诉诸听觉而非视觉的大众传播媒介,传播信息的载体只有声音符号,包括各种音响及有声语言。声音符号作用于人的听觉器官,人们可以通过音响和有声语言较直接地理解传播的内容。它可以省掉文字符号转换成语言符号这道"工序",传播起来比较直接。俗话说:"闻其声如见其人。"这说明声音具有很大的传真性,它比文字的表现力更直接、传神,声音本身是具有丰富的形象性,可以表达人们各种情感和气氛,如喜、怒、哀、乐、惊恐、无畏、紧张、轻松、诚恳、虚伪、粗暴、亲切、踏实、轻浮、爽朗、忧郁、热烈、沉闷等,声音的传真性,使得听其声如见其人,听其声如临其境。

声音的不同处理和运用本身也可以表达出许多平面文字所

无法传递的信息。比如声情并茂的播讲,播音员或节目主持人包含情感传播信息,通过其嗓音、语音、语调、语速、停顿、轻重等的变化处理,其感染力和鼓动性绝非平面文字可比。著名记者穆青写的通讯《县委书记的好榜样——焦裕禄》使人深受教育和鼓舞,而经过著名播音员齐越的"再创造",把文字符号还原为语言,通过听觉转换给听众的形象,就更加感人。

(3)手段多样,参与性强

广播是传播声音符号的,而声音符号的生产较之于图像符号和文字符号都要容易操作。广播可以借助电话、手机、网络等新技术平台完成声音符号的生产,并形成多样化的传播形式,如开通热线电话,推出适时播报,为听众直接参与广播创造机会,使得广播在一定程度上可以体现出一对一人际传播的亲和力,传受双方在互动中实现同步交流、共同分享。

(4)覆盖广泛,渗透力强

这是广播的电声特点派生出来的优势。广播用电波作为载体传播,现在更与人造地球卫星结合,其电波几乎可以笼罩全球,可以说,大部分人口都能成为它的传播对象。具体来说,广播传播的广泛性可以由以下方面体现出来。

第一,广播传播容易接受。广播使用有声语言传播信息,受众不受文化水平限制。广播是面向全体人民的,从学龄前儿童到年逾古稀的老人,从文盲到教授,只要具备听觉能力,都可以成为广播的传播对象。

第二,广播传播超越国界。广播以电波为载体,可以超越国界长驱直入。不少国家开展对外宣传时,首选的新闻传播媒介就是广播,因为它能运用电波、卫星、多种语言同时传播新闻信息和思想观念,是国际外交宣传乃至对敌人进行威吓的强有力工具。与此同时,国际广播也成为各国人民之间加强沟通与交流、促进相互了解的友谊使者。广播的这种特殊广泛性是其他传媒难以做到的。

第三,收听限制少。广播覆盖广阔,不管天南地北、高山海洋、平原沙漠、城市乡村、居室内外、田间地头,广播都能到达,并能同时传到四面八方,受众可以同时收听。特别是在发生地震等自然灾害的区域,当交通不便、接受电视信号困难时,广播具有其他媒体难以企及的优势。

第四,广播信息容量大。广播新闻1分钟大约播出240字,一条消息一般在1分钟左右,短小精悍,概括性强,信息集中,要点突出,言简意赅,内容丰富,播出时间长、多波段、多频道,可供听众自由选择、各取所需。

第五,广播具有伴随性特点。广播在传播的过程中只需调动人们的听觉器官,所以人们在听广播的同时还可以从事其他活动,比较典型的是城市交通广播和音乐广播,收听对象主要是驾车的司机。广播可以让旅途不再单调,即使堵车也不会难以忍受。此外,一些老年人也习惯在晨练的时候收听广播,接受信息。这种伴随性的特征是广播特有的,既能提高人们的时间利用率,又能在不知不觉中让信息被听众接受,实现其传播效果。同时,因为广播制作技术的特点,可以实现较强的互动性,听众可以直接打电话与播音员进行交流,就某个问题发表自己的观点,这也是对于电子媒介的强势传者地位的一个突破。

3.广播的劣势

与此同时,广播传播也具有一定的劣势,包括以下几方面。

第一,有时序。节目按编排的时间顺序依次播放,只能被动地按顺序收听,不能自由选择、跳过不想听的内容。人各有异,"众口难调",播放顺序难以符合所有人的口味。

第二,易逝。电波转瞬即逝,受众难以仔细识记、推敲和思考,难以复听和保存。[①]

第三,不便于表达深刻、复杂的内容。电波、语音的易逝,以及语音的模糊、一音多字,使其在传播数字性和抽象、深刻、理论

---

① 林凌,濮端华,张帆.新闻学概论[M].北京:北京工业大学出版社,2011:128.

性内容方面远不如文字。

第四,接受时比较消极。语音不如文字更能调动受众的思维和想象。

4. 广播新闻的发展趋势

广播原是 20 世纪上半叶现代高新技术的产物,诞生之初曾经引起世界轰动,尤其是经历了第二次世界大战的洗礼,广播迅速拥有了庞大的听众群体,当时其在人们心中的地位似大有取代报纸之势。进入 21 世纪以来,在全球化趋势日渐加深,媒介竞争日趋激烈,受众要求越来越高的形势下,广播——作为人类社会最早出现的电子媒介,一方面正受到电视、互联网等传媒的强烈冲击,其影响力不可否认正在减弱;另一方面,世界政治、经济、文化等事业的不断发展,尤其是科技事业的快速进步,为广播的可持续发展带来了机遇和物质基础。广播因此也受到人们的极度关注。

（1）受众个性化

未来受众需求逐步多样化、个性化,他们希望以一种更加简便、快捷的方式获取与自己兴趣爱好相符合的信息。未来广播的受众划分并不以年龄为标准,而是细分到一般节目类型下的某些更细微的类别,这样听众会根据喜好和实际需求各取所需,电台频率同样细分到如专门提供交通新闻、财经新闻、气象预报、娱乐新闻等的专业频率。

在节目类型细划的基础上,未来广播还能够为听众提供更加个性化的服务。听众可以根据自己的喜好选择特制的节目内容,依照自己的现实需求获取最新的实时资讯,实现一对一的传播,这是一种受众主动选择的过程。数字化音频技术的发展和通信技术的逐步完善已经为这种个性化服务的实现提供了途径。

（2）内容本土化

全球化的逐步扩大,带来的是"地球村"式的信息共享,人们比以往更容易接触外部的信息。广播作为一种收听方便、信息传递快、对受众文化水平要求较低的媒介,在及时发布本地新闻讯息方面具有其他媒介无法比拟的优势。随着未来社会信息化程度的不断加深,广播无疑会发挥其媒介优势。因为它能及时、准确地向受众提供当地新闻资讯、法规政策、交通路况、商品贸易、气象服务等信息,并发挥重大作用。

(3)途径多元化

同时,数字音频技术可以将广播节目放在网上,受众可以自己挑选想收听的节目,这改变了传统广播节目的易逝性和接收方式的单一性,使得新闻传播的方式更为灵活。另外,数字音频技术的不断发展还可以实现"广播博客"的服务项目,通过数字交流平台,任何人都可以将自己的"电台"节目传递给其他受众。可以说未来的广播媒体将是一个大型的信息库,它通过各种途径向外传播信息,同时也是一个信息交流的平台。

从世界新闻传播媒介的发展历史来看,任何传媒的存在和繁荣都有其合理性、必然性。广播的优势是其电子媒介固有特性派生而来的,它为广播在媒介发展进程中拥有自己的优势地位奠定了基础。但同时派生而来的是其不可避免的弱点,这一弱点使得广播在与后来新兴传媒的竞争中处于弱势地位而受到威胁。在受众要求越来越高的今天,对于广播来说,机遇与挑战并存。如何抓住机遇、迎接挑战、战胜困境是广播媒介研究者、经营管理者和节目制作人共同关注的课题。为了生存和发展,他们正在不断利用人类创造的科技文明,弥补广播的弱项,通过加强与其他传播媒介的融合,在创造传播新形态、发掘传播新特点等方面不断挖掘自身潜力,开拓广播的新天地。

(二)电视

1.电视的诞生

电视是通过无线电波或导线传输声音和图像的大众传播媒介,电视的产生与发展同样得益于电子技术的进步。随着时代的发展,电视从内容到形式都进行了变革,无线传输技术使得人们可以跨越时空看到从遥远的地方传来的图像,三维动画技术使电视画面更加丰富和生动,数字化的设备使电视图像更加清晰,可以说,电视媒介发展的每一步都离不开科技的探索与演变。

第二次世界大战结束之后,电视技术获得了突飞猛进的发展。经过科学家的努力,人们相继突破了光学、色变学和信息传输理论等一系列难题,制造出彩色摄影管和彩色显像管。1951年,美国哥伦比亚广播公司(CSB)、美国广播公司(ABC)分别试播了彩色电视节目,美国因此成为世界上第一个播出彩色电视节目的国家。随后,世界各国都进行了自己的电视技术研究,并出现了包括 NTSC、PAL、SECAM 在内的三种制式,我国的电视采用的是 PAL 制。

2. 电视的优势

电视传播具有显著的优势,概括来说主要包括以下几方面。

(1)传播迅速及时

电视以电波为载体来传输视频信号,传播速度很快。它与广播一样,可以进行现场直播,同步反映新闻事件。

(2)渗透性强,覆盖面广

由于电波的穿透能力极强,加之接收条件简便,因此只要电波可以达到的地方,都能收到电视节目。另外,观众也不受文化水平、年龄、性别和职业的限制,视听觉正常的人都可以成为电视的受众。

(3)视听兼备,亲切可信

电视以传送声音符号和图像符号而诉诸人们的听觉和视觉,这就使传播的信息更为具体可感。所以,电视特别适合报道现场感强、有视觉冲击力的新闻。

3. 电视传播的劣势

电视虽然具有上述独特的优势,但也存在一些明显的不足。

首先,电视以声音符号传播信息,但声音符号看不见、摸不着、转瞬即逝,因而保留性差。其次,电视是线性传播,所播节目的时间通常是固定的,受众只能按照时间顺序来看,无法对节目的内容和收视方式进行选择,因此选择性差。最后,想象性差。观众可以通过电视播放的信息,直接感受到客观事物,而无须展开联想和想象。这就极大地削弱了受众参与形象再创造的积极性。

4.电视新闻的发展趋势

如果说声像一体的感性化与传播时效的即时化是传统电视区别于其他媒介的传播特征,那么在数字化技术日益成熟的今天,电视新闻的传播手段将呈现出多媒体化的发展趋势。所谓多媒体化,指在数字化平台上,文字、语音、图像都可以转换为数字信号,使各种媒体功能可以相互兼容,单一的媒介将逐渐为多媒体取代。从技术发展历程来看,媒介形态的演变是依次递进、独立发展的。在未来的信息系统中,电视媒介将从信息接收的终端转化成为信息传输网络的中枢,成为多媒体的一个呈现方式,电视机的界面将既是计算机的界面,又是报纸、广播的界面,而且还可能是人机对话的界面,通过它人们可以接收各种视频、音频或是文本形式的新闻、娱乐内容,查阅图书、资料,还可以和任何其他地方联系,享受电子商务、数据下载以及视频点播、电话、传真等多样化的服务。就目前而言,跨媒体运作,如以电视为基础传播平台,综合利用报纸、广播、互联网的独特优势对新闻事件展开综合立体式的报道,已经在媒介传播实践中得到广泛运用。同时,新的传播方式和媒介形态,如数字电视、移动电视、宽频电视、互动电视、手机电视、卫星电视和分众电视等,已经出现并逐步投入传播实践中去。

二、融媒时代的电子媒介

广播电视的缺点主要是线性传播,播出内容瞬间即逝,很难回放和保存。借助互联网,广播电视完全可以克服自身的弊端,为受众提供多样化的选择。广播电视媒体利用互联网改造自身新闻业务,使传播形式多样化,提升新闻传播影响力,其路径与报纸媒体是类似的。广播电视媒介与其网站"台网互动"主要体现在以下四个方面。

(一)利用网络进行话题征集和讨论

中央人民广播电台的《神州夜航》栏目经常在中国广播网的论坛中向听众预报近期将在节目中探讨的话题,邀请听众加入论坛对该话题发表看法,到节目正式播出的时候,听众的观点便会出现在节目当中。

(二)实现节目的在线收听(看)和按需点播

利用网络音视频技术,在网络平台上实现节目的在线收听(看),方便受众在不同场合的视听需求。网站可通过建立节目库的方式,将节目内容按时间、栏目、主题等分类上传至网站,方便受众检索,按需点播。

(三)建立主持人博客

主持人是广播电视媒体的一项重要资源。很多受众对节目的关注往往是因为某位主持人的独特魅力。在传统的广播电视媒体中,人们看到、听到的只是主持人台前的形象或声音,却无法获知主持背后的故事以及主持人更立体、真实的形象,而主持人在播出节目时面向的也是"心目中"的受众,并不能准确地把握受众的想法。博客无疑是拉近主持人与受众的重要渠道。主持人在博客中讲述自己的工作、生活,与受众分享思想观点,实现与受众的互动。受众也可以在博客中留言,提出他们的期望、建议和想法。

(四)强化文字的传播作用

在传统广播电视媒体中,人们主要通过声音、画面、解说来获取信息,文字的传播力是较弱的。利用互联网,广播电视媒体可以将节目文稿上传至页面,供有需要的受众参考。有的广电媒体网站还推出电子杂志,体现了全媒体的理念。如中国广播网的《行色》、湖南卫视的《HTV志》等。

第三节　新媒体研究

"新媒体"相对"传统媒体"而言,是一个内涵和外延都不断发展演变的概念。综合国内外学术和产业界的概念界定及产业分析,本书认为,新媒体是以数字技术、通信网技术、互联网技术和移动传播技术为基础,为用户提供资讯、内容和服务的新兴媒体。新媒体主要采用数字压缩技术(包括数字压缩)、网络传输技术和卫星通信技术,这些技术发展的速度和方向决定着新媒体发展的速度和方向。根据媒体表现形式不同,新媒体可以分为互联网媒体、电视新媒体、手机媒体三类。

一、互联网媒体

互联网,是一种把众多计算机网络联系在一起的国际性网络,它是计算机技术、信息技术与通信技术融合的产物。[1] 互联网是当代世界上规模最大的超远距离信息传送网络,被人们视为自报刊发明以来的一项无与伦比的创举,是信息生产、传播及交换领域的一场革命。[2]

(一)互联网的发展

互联网的英文是 Internet,在中国一般译为"互联网"或"因特

---

① 匡文波.网络传播技术[M].北京:高等教育出版社,2003:1.
② 张穗华.媒介的变迁[M].北京:中国对外翻译出版公司,2002:122.

网"。所谓的网络媒介，就是借助国际互联网这个信息传播平台，以电脑、电视机以及移动电话等为终端，以文字、声音、图像等形式来传播新闻信息的一种数字化、多媒体的传播媒介。

1969年，美国国防部国防高级研究计划署资助建立了一个名为ARPANET（即"阿帕网"）的网络。这个阿帕网就是互联网最早的雏形。

互联网的成熟是TCP/IP协议的开发和使用的结果。TCP/IP是一种通信协议，TCP及IP的中文意义分别是传输控制协议和网际协议。这两个协议定义了一种在电脑网络间传送报文（文件或命令）的方法。1972年，全世界电脑业和通信业的专家学者在美国华盛顿举行了第一届国际计算机通信会议，就在不同的计算机网络之间进行通信达成协议。同年9月，在英国伯明翰召开的会议上提出了Internet的基本概念。

1986年美国国家科学基金会NSF建立了自己的基于TCP/IP协议的计算机网络NSFNET。NSFNET对互联网的最大贡献是使互联网向全社会开放。1990年，随着ARPANET停止运营，NSFNET彻底取代了ARPANET而成为互联网的主干网。

1986年，北京市计算机应用技术研究所实施的国际联网项目——中国学术网（Chinese Academic Network，CANET）启动，其合作伙伴是德国卡尔斯鲁厄大学。1987年9月，CANET在北京市计算机应用技术研究所正式建成中国第一个国际互联网电子邮件节点，并于9月14日发出了中国第一封电子邮件："Across the Great Wall we can reach every corner in the world.（越过长城，走向世界）"，揭开了中国人使用互联网的序幕。

2015年2月3日，CNNIC发布第35次全国互联网发展统计报告。报告显示，截至2014年12月，中国大陆31个省、直辖市、自治区中网民数量超过千万规模的达25个。互联网普及率超过全国平均水平的省份达12个，其中北京普及率达到75.3%，位居第一。

(二)互联网媒体的常见形态

从目前的互联网媒体形态来看,主要表现形式有以下几种。

1.博客

博客,又译为网络日志、部落格或部落阁等,是一种通常由个人管理、不定期张贴新的文章的网站。

博客上的文章通常根据张贴时间,以倒序方式由新到旧排列。许多博客专注在特定的课题上提供评论或新闻,其他则被作为比较个人的日记。

一个典型的博客结合了文字、图像、其他博客或网站的链接、其他与主题相关的媒体。大部分的博客内容以文字为主,仍有一些博客专注艺术、摄影、视频、音乐、播客等各种主题。

从博客的传播模式及传播性质上来看,博客突破传统的网络传播,实现了个人性和公共性的结合。博客的即时性、自主性、开放性和互动性为人们提供了一定程度的话语自由,这种自由颠覆了传统媒体"把关人"的概念。

2.社交网络(虚拟社区)

虚拟社区是活跃于网络空间的集体交友方式与渠道,主要代表有 BBS。近年来,虚拟社区得到了全新的发展,其中最有名的要数社交网络。

社交网络即社交网络服务,源自英文 SNS(Social Network Service)的翻译,中文直译为"社会性网络服务"或"社会化网络服务",意译为社交网络服务。社交网络包括硬件、软件、服务及应用。由于四字构成的词组更符合中国人的构词习惯,因此人们习惯上用"社交网络"来代指 SNS。典型代表有人人网、开心网、天涯社区、猫扑。

3.微博

微博,即微博客(Micro Blog)的简称,是一个基于用户关系的信息分享、传播以及获取平台。用户可以通过 Web、WAP 以及各种客户端组件个人社区，以 140 字以内的文字更新信息，并实现即时共享。

微博不仅颠覆了传统信息的发布方式，以一种半广播半实时互动的模式创立了新的社交方式与信息发布方式，使得每个参与者既是传播者也是受众，既是新闻发布者也是传播者。便携性、及时性使得微博更容易在第一时间成为事件发布的平台。据有关数字统计：2011 年舆情热点事件中，由新媒体首先曝光的占69.2%，其中通过微博首发的为 20.3%，这个比例还将不断增加。微博时代内容为王，短小精悍的文字更符合现代社会对于信息快速消费的需求。

最早也是最著名的微博是美国的 twitter。2009 年 8 月，中国最大的门户网站新浪网推出"新浪微博"内测版，成为门户网站中第一家提供微博服务的网站，微博正式进入中文上网主流人群视野。现在，微博已成为最受人们关注的新媒体。

4.即时通信

即时通信(Instant Messenger,IM)是指能够即时发送和接收互联网信息等的业务。国内最典型的是以腾讯 QQ 为代表的一系列通信工具。

现在的即时通信不再是单纯的聊天工具，它已经发展成集交流、资讯、娱乐、搜索、电子商务、办公协作和企业客户服务等为一体的综合化信息平台。

随着移动互联网的发展，互联网即时通信也在向移动化扩张。目前，微软、AOL、Yahoo 等重要即时通信提供商都提供通过手机接入互联网进行即时通信的业务，用户可以通过手机与其他已经安装了相应客户端软件的手机或电脑收发信息。

（三）互联网媒体新闻传播的特点

1.高速度

在传统媒体中,报纸的出版周期常以天甚至周计算,电视、广播的周期以天或小时计算,而网络新闻的更新周期却是以分钟甚至秒来计算的。尤其在对突发事件的报道中,网络新闻的时效性更为突出。在传统媒体中,广播通过无线电波,电视通过通信卫星,也常常能够做到快速报道新闻事件,缩短报道事件时间与事件发生时间的差距,甚至进行同步直播,但是其传播过程中往往要面对非传播主体所能控制的技术性障碍,譬如信号中断、电波干扰等。而网络新闻的传播在互联网络的构架内,对各种外在影响和障碍的超越与克服能力大大加强。

2.大容量

由于电脑巨大的信息储存量和万维网、联网数据库、邮件目录群、新闻讨论组和电子邮件等多种采集途径的同时使用,网络媒介具有超大信息容量。一个只有8G的硬盘可以储存40亿个汉字的信息量,而一份对开100版报纸一天最多只能提供50万字的信息。

3.立体性

这种立体性首先体现为:网络新闻集报纸、广播、电视三者之长于一体,是兼具数据、文本、图形、图像、声音的超文本、多媒体结构,实现了文字、图片、声音、图像等报道手段的有机结合,因而是立体的、网状的、多维的,有声有色、图文并茂、亦动亦静。报道同一新闻事件,报纸用文字和图片,广播用声音,电视主要是用图像,而网络新闻则三者皆用,它融合了纸质新闻、广播和电视新闻的报道手段,使受众在网上同时拥有读报纸、听广播、看电视的诸般乐趣。其次,立体性还体现在传播内容上。网络新闻传播围绕一件事情往往形成核心新闻信息,同时通过相关链接的方式提供相关报道和相关资料背景。这样新闻接收者可以了解到一个事件的不同侧面和深层背景。

4.选择性

与传统媒体比起来,网络新闻对接收者来说具有更强的选择性。

第一,网络新闻的编辑与传统媒体的新闻编辑的不同在于,不是将新闻信息"推"给受众,而是由受众"拉"出想要的新闻信息。[①] 新闻传播的接收者可以根据自己的喜好,通过网络搜寻自己喜欢的新闻信息源、新闻信息内容、新闻信息表现形式。新闻网站总是将海量信息分门别类地加以整合,并且提供定制"个性化新闻"的服务,网站可根据用户的需求向其发送经过选择的个性化新闻。

第二,网络上的新闻传播还具有过刊查询和资料检索功能,突破了查询新闻内容在时间上的限制,受众在网上可以随时按日期查看一家网络媒体的旧闻,也可以很方便地输入关键词进行资料检索。

第三,网络上的新闻传播,既可以在短时间内实现新闻信息的广泛传播,又便于受众下载新闻信息,存储、加工、利用新闻信息,以进行深入的研究和探索。

5.互动性

传统媒体的新闻是由受到专门训练的记者、编辑或制作人,在受众遥不可及的编辑室或新闻中心,单方决定值得报道的内容,接收者只能被动地等待收视阅听于固定时间里送达或播出的新闻,如果有意见,也只能事后表达。而网络新闻则可以实现传播者和接收者之间的双向互动传播,例如现在很多新闻网站均在

---

① 尼葛洛庞帝.数字化生存[M].胡泳,范海燕,译.海口:海南出版社,1996:103.

每则新闻之后设置"发表评论"的链接,给公众提供一个批评和评论的场所。这不仅使得传播者能够及时了解受众的反馈,而且使受众能够直接参与新闻报道,对传播内容进行矫正或补充;不仅做到了媒体与受众之间的沟通,还实现了受众对受众的传播,传受双方的积极性、主动性因此而得到有效的调动。

6. 公平性

网络新闻是借助互联网传播的,互联网上信息传输的速度和成本与所在的物理位置几乎毫无关联——比如,用电脑访问美国《纽约日报》网站和美国某乡镇小报网站的速度几乎是没有区别的——这特别有助于实力弱小的新闻传播媒介摆脱在现实条件下资金、人事不足的困扰,实现与媒体大鳄们的公平竞争。在现实情况下,上述乡镇小报想在纽约做宣传广告招揽读者以便和《纽约日报》一较高下简直毫无胜算,就算强行实行,也难以为继。但是在互联网上,建立和纽约读者的亲密联系却只需要一个网站而已。如果放眼全球,网络新闻传播的公平性特点还特别有助于第三世界国家打破西方资本主义国家通过对传统媒介的垄断而实现的对信息资源的控制,从而为推动建立国际新闻传播新秩序提供保障。

7. 可搜索性

网络信息数字化的特点,使得对网络新闻进行快捷检索成为可能。目前功能强大的互联网搜索引擎(如 Yahoo、Google、AltaVista 以及国内的百度等)可以在甚至不到 1 秒钟的时间里,按照网民给出的搜索关键词找到对应信息。一些大型的互联网站点、图书馆、数据库也都为用户准备了内部搜索引擎,最大程度地节约用户在搜索信息上花费的时间。而在电脑和互联网出现之前,无论寻找报纸、杂志还是广播、电视的资料,用户都不得不硬着头皮在庞大而阴森的馆藏室里用眼睛做着最原始的检索工作,而这是一个漫长而疲惫的过程。互联网数字化检索的方便快捷迫使平面媒体不得不向它靠拢,比如《人民日报》经过多年建设,推出了"《人民日报》图文数据库",其中包含了《人民日报》自 1946 年创刊以来的所有图文信息。可以想象,用"《人民日报》图文数据库"来辅助一项"《人民日报》头版头条新闻研究"的工作,比起亲自去报刊室翻阅几吨重的报纸来,要方便多少。

8.易复制和易保存性

由比特构成的网络信息的最大优势之一就是可以方便地复制。"世界上没有完全相同的两片树叶"之类的说法在数字世界里是可笑的,只要先有一片树叶,数字技术就可以在瞬间制造出其无数的孪生兄弟,而且它们完全一模一样。我们可以把网络新闻看作这样的树叶,这就不难想象为何网络新闻会流传得如此快捷和广泛了。易复制带来的另一个好处就是易保存——因为保存无非就是把信息从网络复制到自己的硬盘而已。在带宽不成问题的情况下,从网络复制一篇 10 万字的文章到硬盘连 1 秒钟都不需要,并且绝无差错。而在此之前的种种方式,从抄写、剪报到复印、扫描——不是难以确保精度,就是浪费大量时间,甚至两者兼备。

网络新闻的上述特点使其以无可比拟的优势成为新闻传播活动的新领域。在充分认识网络新闻的优势的同时,对网络新闻传播的弱点和缺陷不能视而不见。如网络新闻的可信度和有效度问题。网络的开放性和自由度带来了信息民主的局面的同时,也为恶意传播虚假新闻信息打开方便之门,以致互联网上的新闻信息可信度大打折扣。与此相联系的是,大量"信息垃圾"的存在淹没了真正有用的信息,使人们在网上搜寻有用信息的效率降低。再如,在传播内容上,网络媒体之间、网络媒体与传统媒体之间的相互抄袭、复制现象严重,造成同质信息过多的局面,同时也造成对原创新闻信息的知识产权和劳动价值的漠视与侵害。又如,在信息管理上,由于管理的成本过高,技术难度过大,网络新闻的有序局面尚未建立。还有网络传播技术和基础设施方面诸如"带宽瓶颈"之类的问题,等等。这些弱点和缺陷制约着网络新闻传播更好地发挥其作用。

二、电视新媒体

虽然电视是 20 世纪的产物,但是随着技术的进步,电视在新媒体时代也有着不同的使命和全新的发展。以下从三种形态讨论电视新媒体。

(一)IPTV

电视新媒体中当下最受关注的是 IPTV(Internet Protocol Television),即交互网络电视,一般是指通过互联网络,特别是宽带互联网络传播视频节目的服务形式。

互动性是 IPTV 的重要特征之一。IPTV 用户不再是被动的信息接受者,可以根据需要有选择地收视节目内容。用户在家中就可以通过计算机、网络机顶盒＋普通电视机、移动终端(如 iPad,iPhone 等)三种方式使用 IPVT。

IPTV 能够很好地适应当今网络飞速发展的趋势,充分有效地利用网络资源。IPTV 既不同于传统的模拟式有线电视,也不同于经典的数字电视。因为,传统的和经典的数字电视都具有频分制、定时、单向广播等特点;尽管经典的数字电视相对于模拟电视有许多技术革新,但只是信号形式的改变,而没有触及媒体内容的传播方式。

IPTV 是集合了电视传输影视节目的传统优势和网络交互传播优势的新型电视媒体,它的发展给电视传播方式带来了革新。

(二)移动电视

狭义上,移动电视是指在公共汽车等可移动物体内通过电视终端移动地收看电视节目的一种技术或应用。广义上讲,是一切可以移动的方式收看电视节目的技术或应用。

作为一种新兴媒体,移动电视的发展速度是人们始料未及的,它具有覆盖广、反应迅速、移动性强等特点,除了传统媒体的宣传和欣赏功能外,还具备城市应急信息发布的功能。

三、手机媒体

手机媒体是指以手机为视听终端、手机上网为平台的个性化信息传播载体,它是以分众为传播目标,以定向为传播效果,以互动为传播应用的大众传播媒介。被公认为是继报刊、广播、电视、互联网之后的"第五媒体"。

(一)手机媒体的发展

随着信息化、网络化技术的不断发展,继报纸、广播、电视、互联网之后,一种新型的媒介形式——手机媒介出现了,这是一种以手机为视听终端、手机上网为平台的个性化信息传播载体,它以分众为传播目标,以定向为传播效果,也可称之为移动网络媒介。

手机又称"移动电话",是通过无线信号接收和发射来实现通话的一种通信工具。手机的发明改变了人们对固定电话的依赖,极大地方便了人际交流。随着数字技术的发展,手机这个最初用于移动通话的通信工具,具有了一些特殊的功能。人们在手机上可以玩游戏、听音乐、看电影。同时,手机的信息载体功能日益增强,当手机开始提供收发短信、彩信、WAP上网功能之后,特别是手机开始接收、储存和转发专业组织发送的新闻时,手机便毫无疑问具有了大众传播媒介的特征。截至2017年12月,我国手机网民规模达7.53亿,网民中使用手机上网人群的占比由2016年的95.1%提升至97.5%。

(二)手机新闻传播的特点

手机新闻传播具有显著的特点,概括来说,这些特点主要包括以下几方面。

1.便携灵活

手机与电脑相比,优点是便携小巧,与受众的关联度高,无论是在公共交通工具上,还是在排队等候的闲散时间,手机几乎成了人们利用率最高的现代化通信工具。有一句笑话说,"真正的朋友,就是一起吃饭的时候不看手机",可见,手机在人们的生活中扮演着多么重要的角色。在这种情况下,以手机为媒介进行信息传播,到达率是非常高的,传播效果也是非常好的。

2.时效性强

手机的传播非常迅速,受众接受新闻不再受到时间与空间的束缚。现在,不仅是手机短信,很多大众传播媒介还借助于 App 软件来发布即时信息,比较常用的是微博和微信的订阅推送,这是在发行周期之外进行补充传播的手段之一。

3.互动传播

通过手机进行的传播,往往包含了大众传播、群体传播与人际传播[1]:在大众传播阶段,通过手机,传播者和受众之间可以实现良好的互动,如在媒体官方微博上留言;在群体传播阶段,网络或手机联系起来的群体本身就需要依靠互动维系,如群发短信讨论事情或者利用手机客户端在 QQ 群、微信群中进行信息的互动;在人际传播阶段,手机的互动性更加明显,无论是通话还是发送短信,其实质都是人与人之间的互动沟通。而这三种传播方式的结合,更能提升信息源的影响力。

4.个性化传播

手机媒介具有极强的个人属性,因为这是我们日常生活中使

---

① 刘宏,栾轶玫.新闻传播理论[M].北京:中国传媒大学出版社,2016:110.

用率极高的现代化通信工具,难免会带有个人色彩。从信息传播的角度,主要表现为选择性关注和选择性订阅。对体育感兴趣的人,可以通过手机客户端关注体育媒体,或者订阅体育新闻;对经济感兴趣的人,亦可以专门订阅经济类的内容;在手机时代,每个人接收的信息都是不同的,细分化的市场为媒介提供了更大的发展空间。

第六章　融媒时代新闻传播的业务研究

随着信息技术的发展,新闻传播形式发生了非常大的改变,媒介融合成为一种新的发展方向。本章主要对媒介融合趋势下的新闻采访、新闻编辑、新闻写作进行简要阐述,以期更好地促进媒介融合趋势下新闻传播的发展。

第一节　新闻采访

一、新闻采访的概念

"新闻采访"的含义可以从狭义和广义两方面理解。狭义的新闻采访主要是指面对面的问答式访问。它广泛运用于广播、电视、报纸等新闻采制过程中,而且在网络媒体的报道中也得到了越来越多的运用。广义的新闻采访,是人对客观事物进行认识的一种活动,是新闻工作者对客观事物的全面、详细的调查和了解,也就是我们所说的调查研究。进行采访的目的主要是发现、了解事实和选择新闻素材,并挖掘新闻价值。记者通过采访可以发现和落实新闻线索,获取最新的材料,与此同时,记者也可以借助感性认识,获得比较深刻的现场感受,通过动人的情节和细节引起受众的关注。

新闻采访是全部新闻工作顺利开展的前提,是每个新闻工作者必须掌握的基本功。采访的过程是对原始、散乱的事实进行搜集、整理、分析、综合的过程,新闻记者通过采访,为其写好新闻报道奠定了扎实的基础。

二、新闻采访的特点

新闻采访主要存在以下一些特点。

(一)政策性

新闻报道以宣传党的路线、方针、政策为基本任务。因此,记者往往具有较强的政策观念,在新闻采访过程中,会时刻装着政策。

(二)新闻性

新闻是新近发生和发现的重要事实的报道。记者在采访时,一般都会着眼于"新",抓住那些具有新闻价值的新信息、新事实。

(三)时效性

新闻采访要求快,讲究效率,这是由新闻的时效性决定的。尤其是有重大新闻发生后,记者要迅速赶到现场,迅速采写,迅速报道。

(四)公开性

新闻采访的成果,除一小部分以"内参"形式供有关领导参阅外,多数要写成报道,公开传播。所以,记者在采访时就要考虑内外界限,考虑公开传播的一些特殊要求。

(五)全局性

新闻传播要面向公众,面向社会,因此记者在采访时要有全局观点,要从全局出发,去发现那些在全局上有意义的事物。是非曲直、利弊得失,都要放到全局上去权衡,从而做出正确的抉择。

(六)广泛性

其他行业的调查研究往往限于本行业的事情,新闻采访则不受某一行业的限制。只要是人类存在着、发生着的事情,都可能成为记者采访的对象。

(七)连续性

这里的连续并非一般意义上的天天调查,而是指对某一具体事物发生、发展过程进行连续不断的调查。一些重大事件的报道和典型报道尤其需要这种连续性。

三、新闻采访的要素

新闻采访的要素主要包括采访目的、采访对象和采访主体三个方面。

(一)采访目的

通常来说,新闻采访主要是为了报道,向大众传播一定的新闻事实。[①] 1958 年 7 月,周恩来在广东视察的时候,有一次对记者说:"你们记者,要像蜜蜂,到处采访,交流经验,充当媒介,就像蜜蜂采花酿蜜,传播花粉,到处开花结果,自己还酿出蜜糖来。"周恩来的这番话是对记者的形象比喻,同时也说明了记者采访的目的。记者要把广大受众感兴趣的事实传播给他们,把他们的意见、呼声和要求反映给领导,同时也要把政府的决策、方针等通过新闻报道传达到人民群众中去。总之,新闻采访主要起到一种传达信息、进行沟通的作用。具体来说,新闻采访的目的是为了迅速了解到典型的、有新闻价值的客观事实。唯物论的新闻本源观表明,事实是新闻的本源,新闻是对事实的报道。事实是第一性

---

① 周鸿铎.新闻学教程[M].北京:中国书籍出版社,2010:126.

的,新闻是第二性的。因此新闻要以事实为基础,记者采访,最主要的目的就是通过各种手段获取新闻事实。记者通常会把在采访中遇到的"观点""形象"归结到事实中去。记者采访所从事的主要工作就是发现事实、了解事实、选择事实、核对事实、体验事实、追踪事实。

(二)采访对象

采访对象主要是记者采访所涉及的人物、群体。[①] 广泛来说,记者在采访过程中获取情况和意见的来源,以及那些以不同的方式向记者提供信息的人,都可以被称作采访对象。记者对采访对象进行采访是获取新闻线索、收集信息、核实事实材料的主要方式。记者在采访前,应对采访对象有一定的了解,针对采访的目的,制订一系列的采访方案,保障顺利获取新闻事实。采访对象的范围非常广泛,最基本的采访对象是新闻事件的当事人、知情人。除此之外,记者主动采访询问的人以及主动向记者提供事实和信息的人都属于采访对象。

(三)采访主体

新闻采访的主体通常是指专职的新闻记者,在新闻机构中主要负责采写新闻报道。记者又细分为内勤与外勤。外勤记者主要指专门在外从事采访写作的人员;内勤记者主要是指从事编发新闻的编辑等人员。而通常所说的记者主要是指外勤记者,他们被分为多种类别,从不同的角度有着不同的划分,具体如下。

第一,按照新闻的媒介,可以分为文字记者、摄影记者、广播记者、电视记者、网络记者等。

第二,按照采写的内容,可以分为政治记者、经济记者、文化记者、科教记者、文艺记者、体育记者、军事记者等。

第三,按照采写的地域,可以分为本埠记者、地方记者、驻外

---

① 周鸿铎.新闻学教程[M].北京:中国书籍出版社,2010:126.

记者。

除此之外,还有机动记者与专业记者、特约记者与特派记者,等等。在我国,记者曾被称作"访员""访事""通信员"等,直到 19 世纪,随着中国近代报刊的诞生,才逐渐形成了"记者"的概念,并逐渐成为一种职业。

四、新闻采访的原则

新闻采访应该遵循一定的原则,概括来说,这些原则主要包括以下几方面。

(一)真实性原则

新闻采访的真实性原则主要是指新闻工作者在采访过程中要真实、客观地记录新闻事实。贯彻这一原则,新闻工作者在采访中应注意以下几点。

第一,在采访的过程中,新闻工作者必须尽可能地遵守客观原则,尽量屏蔽自己的主观评价,客观地观察、倾听。这是因为记者的主观意识往往会驱使其选择性甚至扭曲地报道新闻事实,大大降低新闻的真实性。

第二,采访新闻人物时,新闻工作者应当与所采访人物进行真诚的交流,客观、真实地反映所采访人物的真实想法,切忌对所采访人物所说的话"断章取义",或者刻意曲解所采访人物的真实想法。新闻记者也不应当刻意引导所采访人物按照自己的意图发表观点、看法,只要使采访对象就某一主题畅谈自己的观点即可。

第三,采访事件性新闻时,新闻工作者要利用各种工具,如照相机、摄影机等,真实地记录新闻事件发生、发展的过程及过程中的细节。由于新闻事件本身的复杂性或人为因素,很多时候展现在记者面前的是表面或虚假信息,这就需要记者有较高的辨别能力,同时通过深入细致的调查,发现事件的真实情况。

（二）党性原则

在我国现行新闻体制下，新闻媒体担负着党赋予的宣传和监督重任，是党和政府的"喉舌"。[①] 因此，新闻工作者在采访的题材、采访的对象、采访的内容上都要遵守党的宣传政策，在采访过程中也要尽量争取各级党组织的支持和配合。

（三）竞争性原则

近年来，随着网络媒体的大力发展，新闻媒体之间的竞争越来越激烈。一旦有重大新闻事件发生时，各家报社、电台、电视台的记者都会蜂拥而至，争分夺秒地拼抢"最先报道""独家报道"。此外，一些社会热点人物也是新闻记者争抢的对象。面对激烈的竞争，记者要想获得胜利，顺利完成采访业务，首先应保证采访的时效性，也就是说要在新闻事件发生后第一时间赶到事件现场；其次要创造性地采访，从独特的角度对那些社会热点人物进行采访。

（四）导向性原则

新闻记者在采访过程中，是代表背后的受众在进行观察、提问，是代表背后的受众在进行探寻。因此，新闻记者必须基于受众的需要，采集受众需要的信息，这就是受众需要导向性原则。

不同的新闻媒体往往具有不同的受众群体。例如，党政机关报的受众群体就与都市报的受众群体有较大的差异。为了满足不同受众的需求，记者的采访在选题、采访对象、采访方式上都应当有所区别。

贯彻导向性原则，新闻记者应当树立正确的新闻价值观，选择性地采访报道，积极满足受众的正当需求，并引导受众的需求。同时，新闻记者应当在采访前，明确目标受众是谁，以及他们想知

[①]　宫承波，方毅华，唐远清.新闻业务［M］.北京：中国广播电视出版社，2007：5.

道什么样的问题。

(五)法律底线原则

新闻记者在采访过程中不能触碰法律底线,这是最为基本的要求。贯彻法律底线原则,新闻工作者应当尤其注重以下两个方面。

第一,新闻记者在采访过程中,不能侵犯采访对象的各种权利(如隐私权、名誉权等)。侵权行为会受到法律的制裁,因而新闻记者必须熟知并严格履行相关的法律法规。

第二,新闻记者不能利用新闻采访牟取非法利益,不能私自制造虚假新闻等,严重者必然受到法律的制裁。

五、新闻采访的首要条件

新闻采访的首要条件就是消息源,它是指新闻所报道的事实(包括援引的观点、相关背景)材料的来源出处,即从什么渠道、由何人提供了这些材料。消息源是新闻传播活动的第一个环节,许多报道是由六七个甚至更多的消息组成的,其构成并还原了新闻事实的片断与层次。

(一)判断消息源是否可靠

国家和各级政府有关部门、国外或国内媒体(尤其是通讯社)、权威人士、专家、新闻事件的当事人、目击者等都可能成为新闻的消息源。这些消息源的获得途径之一是外界的主动爆料。随着网络的兴起,新媒介的发展大大提高了普通大众与媒体的黏合度,一方面,有一些人会借助于贴吧、微博、论坛这样的平台来向新闻界爆料或是想引起媒体的关注,或是将提供新闻线索当作某种职业;另一方面,为了应对激烈的新闻竞争,媒体逐渐建立起了商业化的运作体系,在此过程中,很多媒体推行了"有奖征集新闻线索"的方式,倚仗"草根记者"的爆料来发掘新闻[①]。

消息源的获得还需要记者凭借自己的新闻敏感去从可能的新闻场域中获得有价值的线索,找到合适的新闻源。无论怎样的消息源,在寻找并最终确定时,记者必须要保持足够的理性意识,对消息源的可靠性进行判断,只有可靠的新闻消息源才能保证新闻的可信度。

所谓消息源的可靠性,首先是看这些消息来源本身是否真实存在,其次是看消息源所提供的情况是否属实,表达的观点是否公允。在通常情况下,新闻报道中要明确消息源的姓名、身份、职业以及与事件的关系等要素,表明确有其事,使读者信服。交代消息源的相关信息既是对新闻可信度的保障也是对消息源的尊重与制约,在一定程度上规避了纠纷。当然,在很多简要消息中,可能不出现消息源,但这不等于它们没有消息源,只是按照惯例消息源在编排中被省略,该新闻的编辑依然需要了解这些报道的新闻来源。

值得注意的是,记者也可能被消息源恶意利用。近年来盛行的"新闻线人",作为消息源的一种,其提供的信息因为掺杂了爆料者个体情感等复杂的内在原因,可靠性可能会比较低。一些人主动接近媒体,将媒体视作自我申述与抗辩的武器而提供所谓的"新闻"。这样的情况下,记者尤其要注意,不能仅仅被其中的新闻点吸引而丧失自己的独立判断,陷入消息提供方的单一话语中,而是应该对"线人"的报料遵循"虚假推论"的原则,通过"证伪"的方式,深入实际调查研究,判别真伪、辨析虚实、分清是非、确定取舍[②]。如果一个记者完全按照"线人"提供的情况撰写报道,那么,可能潜伏着失实的危险。

(二)选择多少消息源

中立、客观、公正是记者在新闻工作中应秉持的立场。选择

---

① 陈霖.新闻传播学概论[M].4版.苏州:苏州大学出版社,2013:88.
② 徐兆荣."新闻报料人"的利弊及其规范[J].中国记者,2004(9):2.

怎样的消息源,引述谁的观点直接影响了新闻的倾向性,如果选择不当,很有可能让新闻传播者陷入因事实不清、观点争议而产生的纠缠和麻烦中。

在新闻工作中,为了规避消息源选择不当带来的问题,记者要坚持消息源多样性与丰富性的原则。这首先要求记者在开展工作时不能过于依赖单一消息源,仅凭一家之言会降低消息的可信度,更会削弱新闻传播的效果。其次,多样性和丰富性的原则要求记者在选择时不仅要注意消息源的数量问题,而且也要重视对消息源质量和层次的把握,如果有关事件的情况只是由同一个阶层或团体的信息源提供,那么,其可靠性也会受到影响。

通常来说,可以将消息源大致分为同质消息源和异质消息源。同质消息源是指对同一事件持有相同或相近的观点与陈述的不同的消息源,异质消息源是指对同一事件持有不同或相反的观点与陈述的不同的消息源。对重大而又真相不明、众说纷纭并且具有争议的事件,记者在报道时应该充分考虑到不同观点和陈述,采用异质消息源,努力客观公正地再现事件。记者应善于根据新闻报道内容的需要对不同类型的消息源加以区分运用,在对其他消息源进行佐证时,可以使用同质消息源来进行核实,因为对一个事件如果只有一个人提供情况,可靠性可能会受到质疑,而很多其他的消息源都能提供大体相同的陈述时,其可信度无疑会大大提高。

当新闻内部出现冲突,涉及对立的双方或者几方时,记者不能被一个消息源牵引,偏听偏信,而是要在同质消息源外从对立面寻找异质消息源,引入对同一事件不同甚至是完全相反的观点与陈述,努力客观公正地再现事件。异质消息源的使用有助于还原复杂事件的层次与全貌,是新闻业界普遍遵循的原则,如《华盛顿邮报》就规定,对任何有争议的细节和争论论点都需要至少两个消息源。

新闻记者还要注意,选择的消息源必须来源于新闻现场,应选择与新闻事件密切相关的对象,切不可含糊了事。

(三)尊重与保护消息源

通常情况下,要求对新闻消息源的姓名、与事件的关系等信息进行披露,但如果消息源本人要求隐姓埋名,新闻传播者应予以尊重与保护,对此加以规避,通常用匿名消息源,即用一些比较模糊和抽象的言辞来交代消息来源,如"据有关部门介绍""从有关方面获悉""据权威人士透露""一位要求不披露姓名的人士说""他以不透露姓名为条件对本报记者说"等。

使用匿名消息源的报道往往涉及事关公共利益的重大新闻事件,使用匿名消息源是因寻找不到其他消息来源而采用的"权宜之计";匿名消息源必须能对事件提供明确信息,猜测、质疑性质的消息源不能用来作匿名处理,并且消息提供者的姓名与身份一旦公开,会带来非常不利的后果,比如危及生命安全或名誉。在揭露性新闻(调查性新闻)中,这种情况出现较多。在涉及重大事件、关键线索时,如果没有更好的办法,采用匿名消息源是必要的,但如果过分依赖于此,可能会造成新闻的失实失真。所以,在采用匿名消息源时,尤其需要谨慎,由于此类消息来源的姓名不公之于众,身份无法确认,这样他们不需承担任何责任,也不会有任何名誉损失,记者在权衡是否采用时必须要把握好其中的分寸。

六、新闻采访的方法

新闻采访的方法很多,下面主要对一些常用的方法进行简要阐述。

(一)电话采访

电话采访指记者通过电话与采访对象进行对话,以获取新闻信息的方法。新闻报道非常讲究时效性,争分夺秒常常是新闻竞争的关键。而电话采访最大的优势就是快捷。因此,这种采访方法在新闻采访中也非常多见。

电话采访多用于突发事件的现场连线,可以在事件发生的第一时间采访有关人士。它打破了时空限制,有利于提高工作效率,赢得时间,是一种非常有效的采访手段。记者利用电话采访也可以搜集国内外对重大新闻事件的反应,广泛调查社会焦点,跟踪采访已报道的新闻事件,向新闻当事人核实事实等。

(二)网上采访

随着当今互联网的高速发展,记者的采访活动也延伸到了网络上。网络的即时通信工具能够帮助记者与一个或多个采访对象同时进行文字、声音或图像的即时交流,完全打破了时间和空间的限制;记者也可以利用网络进行文件的传输、连线新闻现场等,可见,网上采访的效率是比较高的。不过,网上采访容易受到真实性的考量,记者应当慎用。

(三)现场采访

现场采访是指记者直接进入新闻事件现场,直接面对采访对象进行采访的一种方法。采用现场采访方式时,记者需把握好提问和观察两种渠道。

1.提问

提问是指由记者口头提问,采访对象回答,采用一问一答的形式获取所需的新闻信息。通过提问,记者可以从事件的见证人口中得知事件的发生、发展过程以及可能的后果,也可以直接了解采访对象的思想、观点。这种渠道能够使记者直接、便利地获取信息。不过,提问容易受采访对象主观性的影响而出现信息真实度低的情况。因此,记者要将提问与其他渠道结合起来使用。

2.观察

观察也是记者采用现场采访方式时所用到的一个重要信息

渠道。通过在现场的细致观察,记者可以发现重要的细节性信息,抓住深入报道的线索。观察也可以帮助记者辨别真伪,尽量减少人为因素对新闻事实的干扰。

(四)书面采访

书面采访是指记者在不能与采访对象面对面交谈的情况下,通过书面提问的形式进行采访,得到书面答复的一种方法。这种方法具体适用的情况主要有以下几种。

第一,采访对象需要提供大量的资料。

第二,采访对象没有时间接受记者的面对面采访。

第三,采访对象在外地,记者没有办法前往,但又必须进行采访。

书面采访能够给采访对象以充分的考虑时间,为记者提供翔实的资料信息;能够突破时空界限,就同一主题在同一时间采访不同地区、不同国家的许多人,获取全方面的信息。有时候,书面采访还是一种很好的补充采访的方式,能够帮助记者向采访对象核实信息。

(五)体验式采访

体验式采访是指记者以采访者和当事人的双重身份进入新闻现场,亲身经历新闻事件,体验新闻事实,或是亲自体验采访对象的生活和工作,了解采访对象。与其他采访方法不同的是,体验式采访强调记者身份的双重性,强调采访过程的参与性,强调采访内容的体验性。在体验式采访中,记者能够真实地记录新闻信息,获得第一手的信息。体验式采访主要适用以下一些情况:第一,反映凡人琐事、凡人新事的情感世界;第二,揭示重大历史事件;第三,反映某些特定的采访对象;第四,探索某些社会问题、社会现象。体验式采访又可以分为显性的体验式采访和隐性的体验式采访两种。

显性的体验式采访是指记者在采访中向采访对象公开自己

的身份和表明采访目的的一种采访方法。它适用的范围比较广。不过,由于采访对象知晓记者的身份,因而或多或少的具有表演的成分,甚至出于某种目的会刻意隐瞒事实,大大降低采访的真实性。

隐性的体验式采访是指记者不公开身份、不暴露采访目的,通过模拟某种社会角色获取新闻事实的一种方法。其也被称为"暗访"。隐性采访一般适用于一些特殊情况,如为了掌握真实情况,防止对方弄虚作假;为了采写批评稿,揭露丑行,为了深入犯罪分子中获取真实信息;为了消除对方的紧张心理,得到配合。这种方法能够让记者获得真实的第一手信息。不过,隐性采访是一种特殊的采访方法,在伦理和法律上有较大的争议,也具有较大的风险性,因而近年来新闻主管部门也加大了对隐性采访的限制。作为记者,如果一定要采用这种方法,那么就必须事前做好周密安排,在进行中要胆大心细,事后要及时总结。

七、新闻采访的展开

(一)访前准备

在新闻采访活动正式开展之前,访前准备是十分必要的。[①]概括来说,访前准备就是要求采访者在对采访对象进行采访之前,尽可能多地搜集和了解有关采访对象的资料,了解其相关的背景,以便于记者在新闻现场进行更好的发挥。访前准备能够使采访者对采访对象有一个初步的了解。记者往往直到采访开始前才见到采访对象,之前很少有机会与其接触。那么,如何快速而自然地进入话题,如何找准采访对象的话题兴奋点,如何与采访对象营造起彼此信任、轻松的交谈氛围,经常是记者遇到的难题。一名优秀的采访者善于搜集采访对象的相关资料,对采访对

---

① 熊高.新闻采访[M].北京:中国传媒大学出版社,2007:92.

象的性格特征、兴趣、相关经历等有一个大致的了解,在直面人物时可以投其所好,从采访对象感兴趣的话题切入。

访前准备能够使采访者理清采访思路,如采访的主题是什么,采访的核心目的是什么。采访者对于采访要有一个整体的设计,在采访过程中做到自如提问。特别是遇到一些特殊状况,如何进行灵活变化,进行访前准备是整理思路的最好的机会。

(二)走进新闻现场

成功的采访,主要决定于记者成功的提问,包括问题的设计、提问的方式等。采访就是在采访者与采访对象之间的问与答进行的,而提问是采访的核心环节。经过采访前的准备工作,记者进行采访活动应带有明确的目的,以清晰的思路深入新闻现场捕捉有效信息。记者采访风格因人而异,但都以发掘新闻真相为目的,有的记者习惯单刀直入,在轻松开场后直接提出核心问题,而有的记者善于循循善诱,步步紧逼,使受访者无法躲避问题,给出明确的回答。不管怎样,记者在采访中,要善于追问、敢于追问,要有坚定的意志,明确真正的新闻点是什么,发掘真正有价值的新闻报道,而不能完全顺从采访对象的思路,追问是追求新闻真实的必要途径。

在对一个不易亲近的采访对象进行采访时,相对来说难度较大。但记者也正是在这样的采访中,提升了自己的能力与专业素质,而精心设计提问就是一项非常重要的素质。在提问前首先要进行深入的思考,才能保证采访对象给出最需要的答案。记者在提问这个环节上的素质和技能直接关系着采访的效果,从而决定了新闻作品的质量。需要注意的是,记者在采访中的提问是一种交际活动,提问总是针对当事人、知情者而提出的,具有明确的指向性。因此,记者在采访过程中,提问方式要委婉,要学会尊重对方。即使是对一名罪犯进行采访,也应尊重其人格和尊严,记者对他的采访是了解事实,而不是审讯和判决,应该在提问中保持客观,而不应对其人格进行蔑视。同样,对地位显赫的名人进行访问时,也应该持不卑不亢的态度,而不应卑躬屈膝,逢迎讨好。王志的人物访谈节目之所以成功,在很大程度上得益于他对采访对象一视同仁。另外,在提问中,应该注意规避直接涉及个人隐私的问题,如果非得涉及,需要征得采访对象的同意,争取他的理解。

进入新闻现场后,记者除了要善于提问外,还要学会观察。观察可以给记者带来新的发现,新闻现场带给记者的灵感与体验往往会超过记者的预测,细致的观察有时会改变记者的采访计划,给记者带来新的想法。在一般的事件采访中,当记者赶到新闻现场时,往往已经错过了新闻事件发生的主要过程,只能捕捉到第二现场。尽管如此,第二现场还是会留下一些事件发生发展的痕迹,显示着新闻事件所产生的影响,记者通过对这些痕迹的细致观察和描述,可以使读者产生现场感。因为一方面这样会凸显记者的"在场",另一方面,这些观察到的痕迹会与受访者对事件的讲述有所呼应,再现事件发生时的具体情景。

八、新闻采访的重点

新闻采访的重点包括以下几方面的内容。

(一)新事物

新事物,主要指的是那些符合历史发展和事物发展的客观规律和前进趋势,能给人们指明前进方向,具有强大的生命力和远大前途的事物。这种事物往往代表着一种新的生产关系或生产力,被广大群众接受后,就能推动社会的进步,给人类带来较大的社会效益和经济效益。作为记者,应当尤其关注这种事物,及时进行采访。具体来说,新闻记者应做到以下几个方面。

第一,善于发现新事物。尽管社会主义的新事物是层出不穷的,但真正发现它,并不容易。发现新事物,记者要对新事物有较高的敏感度。这种敏感通常需要记者具有较高的马克思主义水平,对党的路线、方针、政策有深刻的理解,能够深入实际、深入群众,关心实际工作。

第二,敢于支持新事物。记者在发现了新事物后,还要面对敢不敢支持的问题。记者应当勇于将发现的新事物写成文字,进行报道。当然,记者要做好冒风险的思想准备。

第三,热情扶持新事物。新事物诞生初期往往是不完备的,具有诸多缺点。记者应当学会直面新事物的缺点,大胆寻求解决的途径。

(二)新动向

在新闻采访中,了解政治、经济、社会思想、国际方面的新动向是重中之重。

第一,政治新动向。新闻工作具有非常强的政治性特征,记者在任何时候都不应该忘记政治,要时刻关注政治方面的新的动向。

第二,经济新动向。经济问题是关系国计民生、政治稳定、国力强弱的大问题。因此,经济领域的动向,如市场动向、物价动向、金融动向、股市动向等,除了专门关注经济的记者需要时刻注意外,其他记者也要高度关注。

第三,社会思想新动向。社会思想是人们在社会生产和生活实践中所形成的有关社会生活、生活问题、生活模式的观念、构想或理论等,其所包括的范围极其广泛。社会思想方面的新动向也是记者所不容忽视的。

第四,国际新动向。国际上的动向很多时候和国家中的很多方面都有密切关系,因此,国际上产生的新动向,除了驻外记者时刻关注外,国内记者也应当即时关注,并配合驻外记者进行报道。

总之,新闻媒体有责任把那些事关大局的新动向揭示出来,提醒人们注意,以便促进各种矛盾的解决。新闻记者要想抓住新动向,就应具有敏锐的洞察力,善于透过个别看一般,透过现象看本质,先于一般人抓住新动向。

(三)新问题

旧矛盾的问题解决了,新的矛盾又在前头,因此,社会中总会有各种各样的问题出现。不断解决新问题,能够大大推动事物不断地向前发展。因此,抓新问题也是新闻记者的一个重要任务。记者需要着重抓住的新问题主要有以下几种。

第一,对社会具有警钟意义的新问题。这种问题既有属于社会现象,又有属于自然现象的。

第二,对生活具有影响意义的新问题。这样的问题有很多,大部分都涉及群众的切身利益,被广大群众所关注。

第三,对实际工作有指导意义的新问题。围绕党的中心工作,抓对中心工作有指导意义的新问题,是一条成功的经验,新闻记者应积极采纳。

(四)新风尚

新风尚是指在一定社会时期内,社会上受到大众追捧的、主流的风气和习惯。记者抓新风尚的报道,由来已久。在改革开放和社会主义现代化建设的新时期,针对党风和社会风气出现的新问题,党中央多次强调要加强社会主义精神文明建设。新闻媒体在舆论宣传上肩负着新的历史使命。因此,记者必须时刻关注新风尚,及时进行相关报道。面对新风尚这一新闻采访中的重点,记者应当努力做到以下几点。

第一,抓树新风的典范。由社会某些单位、团体发起,或由有关领导部门倡导、开展的一些意义重大而深远的群众性活动是树新风的典范,记者应当牢牢抓住。

第二,报道要有长期观点。这是指报道首先要解决的认识问题。

第三,用对比方法进行报道。记者在报道新风尚的过程中,应当既注重表扬好的,也注重批评不好的。

除了上述新闻采访的重点外,还有社会中各行各业的新成就、推动社会前进的新经验，具有新思想、新道德、新风尚、新创造、新事迹的人物等都是新闻采访的重点，记者要想办法抓住。

九、新闻采访的规范

(一)新闻采访要履行和遵守相关的法律规范

法律是国家根据统治阶级的利益和意志制定并认可，由国家强制执行的行为规定的总和。它其实也是一种社会规范，规范着人们的行为，指示人们在特定的条件下可以做什么、不可以做什么。对于新闻采访来说，要履行和遵守相关的法律规范，如果违反，就要承担法律责任，受到法律制裁。因此，新闻记者必须注意以下几个方面。

首先，记者要掌握相关的法律知识。从采访需要和服务采访出发，一般认为，记者应当具备"金字塔"式的法律知识结构。"金字塔"的最下层是指记者要对我国的法律体系的构成有大致的了解，掌握一般的法律知识；中间一层是指记者要对从事报道领域、行业等有关的法律有一定的研究；最上面一层是指记者要对新闻传播的有关法律规定精通并固守。

其次，记者要依法采访。这是指记者在掌握相关法律法规的情况下，根据相应的法律规定，明确自己的采访权，做出合法的采访行为。

最后，记者要守法采访。这是指记者应当知晓法律有哪些限制与禁止，要遵守这些限制和禁止，使自己的行为符合法律的规定。

(二)新闻采访要服从与服务于政治

新闻与政治的关系非常密切，尤其是在社会主义国家。由于社会主义国家新闻与政治的关系是服从与服务的关系，因此社会主义国家的新闻采访也要服从与服务于政治。这里所说的服从与服务是无条件性的。新闻采访只有无条件地服从政治的需要，才能获得采访自由（包括接受信息的自由，持有思想、主张的自由，传播各种信息、思想和主张的自由）。

具体来说，新闻采访要做到服从与服务于政治，就应当注意以下几个方面。

第一，新闻采访在指导思想上必须服从党性原则，通过坚定的党性体现出鲜明的阶级性。这种党性原则要求新闻记者必须无条件地站在党和人民的根本立场上，宣传党和政府的路线、方针、政策，不发表与党不一致的政治观点，不散布错误的舆论，不散布任何危害安定团结和三个文明建设的言论。

第二，新闻采访必须坚持马克思主义思想路线。例如，尊重客观事实，具体问题具体分析，理论联系实际等都是新闻采访所必须坚持的思想。

第三，新闻采访必须坚持群众路线，理论联系实际。社会主义国家中的新闻记者肩负着向人民群众传达党的路线、方针、政策的任务，只有联系实际，联系群众，走群众路线才是正确的选择。

新闻采访不仅要服从于政治，还要服务于政治。新闻记者只有坚定地为社会主义服务，才可能获得采访自由，才可能在新闻领域中有所成就。

（三）新闻采访与"俗"的约束

这里的"俗"主要指的是民间的一种行为规范。这种规范也具有很强的约束性。它能够指示人们在什么场合、什么地点、什么时间，可以做什么、必须做什么和禁止做什么。它有时候超过了法律对人们行为的约束。

一般来说，对于一个熟悉民情习俗又能在行为上自觉遵从其行为规范的记者来说，"俗"的影响微乎其微，但对于不熟悉民情习俗的记者来说，"俗"的制约是非常明显的。因此，新闻记者应当处理好与"俗"的关系，要注意使自己的行为服从"俗"的约束。

具体来说,记者去一个地方采访时,要了解当地的风俗习惯,避免犯禁;要从思想感情上尊重良俗;要遵从当地的风俗习惯,约束自己的言行举止。

(四)新闻采访的自律与他律

自律就是自我约束、自我规范。新闻记者在采访过程中要遵守新闻事业的职业道德规范,对自己的采访行为进行自我约束和限制。

他律,即社会他律,是指来自新闻界以外的约束。公众或社会组织根据国家的相关法律、行业规章以及社会公德、职业道德等有关规定,会对记者的采访行为进行约束和限制。一般来说,社会他律主要通过抵制和监督对新闻记者的采访行为进行约束。

第二节　新闻编辑

一、新闻编辑的概念

新闻编辑是指贯穿于新闻传播活动中的、为实现预期的传播目的而进行的一系列专业工作的总称。[①] 它处于信息传播的枢纽位置,因而任何一个新闻传播媒介都离不开它。

二、新闻编辑的任务

根据新闻编辑的工作特性,可将新闻编辑的任务分为以下几个。

---

① 谭云明.新闻编辑[M].北京:中国传媒大学出版社,2007:9.

(一)把关任务

新闻编辑是新闻报道的总把关,因此,其必须承担相应的把关任务。为了防止和消除新闻报道的差错,正确引导舆论,新闻编辑在实施把关任务时,应当注意把握以下几个方面。

第一,编辑在把关过程中,要注意阻挡假的、劣的、错的东西,同时也要注意创造一切条件放行真的、好的、正确的东西。

第二,根据新闻编辑方针、报道计划和客观环境,通过认真取舍稿件或节目来把握新闻报道的方向。编辑切忌在审读(视听)和选择稿件或节目时,从个人好恶出发,滥用稿件取舍权,选出不能正确引导舆论的稿件。

第三,编辑在把关过程中,要非常慎重。因为编辑把关是在时间紧迫的情况下进行的,尤其那些身处于报刊付印、广播电视节目播出、网站页面展示前最后一道关口的编辑和总编辑,他们在审读(视听)和选择稿件或节目的过程中,稍有不慎就有可能酿成大错。这就迫使新闻编辑工作的把关必须一丝不苟,谨言慎行。

(二)策划任务

新闻编辑负有决策的重任。这里的策划,是指编辑对新闻工作中有关全局性的问题进行的判断和行动设计。这一重要任务使他们直接掌握着新闻媒体创办或改进的方向,直接影响新闻媒体产品的质量。一般来说,新闻编辑策划的内容主要包括:参与确定新闻媒体的编辑方针;负责制订新闻报道计划;具体安排和适时调整新闻报道的内容、数量、地位、报道方法等。

新闻编辑的策划根据层次进行划分,可分为三种。

第一,战略策划,即有关新闻媒体的总体策划。

第二,战术策划,即关于较长时期、一个较大范围的报道的策划。

第三,战役策划,即关于较短时间、一个较小范围的报道的策划。

在这三种策划中,战略策划指导战术策划和战役策划,同时又依靠战术策划和战役策划来实现。三者相辅相成,形成一个统一的策划系统。

(三)加工任务

加工任务是新闻编辑处理新闻稿件信息中,必须完成的一个非常重要的具体任务。加工并不是人们想象的仅仅是技术层面的简单劳动,而是具有一定专业性、创造性的劳动。这主要表现为新闻编辑不仅要修饰和润色具体作品的字句(声音或画面),而且制作标题、组织版面或页面、制作节目板块等。总之,在整个新闻编辑工作的过程中,编辑人员都要进行一定的再创造。

新闻编辑的加工任务包含被动和主动两个方面。

从被动方面来看,编辑加工处理新闻信息时,既不能随意改变作者的本意,也不能随意改变原稿信息的风格,更不能主观臆造或任意篡改事实。

从主动方面来看,编辑通过对新闻信息的加工处理,提高整个报道的思想性、指导性和艺术性,最大限度地发挥新闻稿件信息中的新闻价值,因此,要充分发挥自己的潜能,对稿件进行再创造,如采用恰当有效的方式凸显稿件中最精彩的内容,使稿件变得更易于被受众接受,稿件在发表后能产生较大的反响等。

(四)发言任务

在新闻传播过程中,媒体需要适时发言。所谓发言,即对现实生活的各种问题表明自己的态度和立场,做出自己的客观评价和分析,从而引导受众去判断是非,认清方向。这是新闻媒体必须要承担的责任。新闻媒体发言主要是通过新闻编辑来进行的,因此,发言也就成为新闻编辑的一个重要任务。

新闻编辑的发言方式有很多,如直接发言(通过组织撰写各种评论来发言)、间接发言(通过发表来信、问答、工作访问、以作者名义写的言论、各类节目的解说词等来发言)、含蓄发言(通过标题的长短、字号的大小、次序的先后、位置的高低不同来表示稿件之间的轻重、主次的发言)、显性发言、篇幅长的发言、篇幅短的发言等。新闻编辑应该根据不同的新闻内容,不同的问题,不同的情况,灵活采用不同的发言方式。不管采用哪种方式,都必须以客观事实为依据,实事求是,同时注意说服力和感染力,使受众在乐于接受的同时受到教益。

(五)组织任务

新闻编辑往往是把各类分散的、孤立的稿件或报道串联起来,组织成为一个有机的统一报道整体,使之发挥最大的效应。可见,新闻编辑也承担着组织任务。从组织的范围来看,新闻编辑的组织任务主要有以下三种基本模式。

1.宏观型组织

这主要针对的是一个较大规模、较长时期的新闻报道。对于这样的新闻报道,编辑要根据党和国家当前的中心任务,以及各媒体所分工的报道范围,在调查研究的基础上制订出报道提示或报道计划,然后组织各方面的力量加以具体实施。这种宏观报道的组织常采用连续报道、集中报道、系列报道等形式,主要由总编辑和编辑部主任负责。

2.中观型组织

这主要针对的是报纸的一个版、网站的一个页面、广电的一个节目板块,以及一天的报纸、网站的一个频道内容或一个时段的广电节目。对于这一层面的新闻报道,编辑不能只是进行单篇稿(报道)或一组稿件(报道)的简单集纳,而要从整体上加以精心编排,如注重对稿件或报道的分类,注重内容的配置、版面(页面或节目板块)的安排能够体现一定的媒体风格等。

3.微观型组织

这主要针对的是一组新闻报道。组织这种新闻报道,虽然涉及的稿件不多,但编辑需要严格根据稿件或报道间的互相联系,将若干具有共同性的稿件集合起来。常用的组织形式有三种。

第一,在同一条新闻标题之下,将几篇稿件或报道组织在一起刊发、播出。

第二,围绕一两篇稿件或报道,配发相关的评论、图片、资料。

第三,设专栏,即将几篇具有共同性的稿件或报道组织在一起,在报纸版面、网站页面或广电节目时段形成固定的格局。

三、新闻编辑的方针政策

新闻编辑的方针政策主要是对新闻编辑工作起指导规范作用。新闻编辑的方针政策,是对新闻传播内容与形式进行总体规划的,它是新闻活动需要遵循的原则和宗旨,它为新闻的编辑活动提供了明确的方向。编辑方针政策的相互关系主要体现在以下四个方面。

(一)锁定目标群众

这主要关系到新闻传播的接收对象是谁的问题,不同的新闻栏目都会有自己特定的目标群,新闻传播机构必须要明确这一点。比如,财经频道的节目,它所设定的目标群就会小一些,主要是针对部分的专业人士。综艺频道的节目,它的目标群就会大一些,因为旨在面向全国的老百姓,其内容也多是大众化的,接近百姓的日常生活。

(二)锁定传播内容

传播媒体有其自身的性质,编辑的方针政策会根据这一特性锁定相关的传播内容。比如,《人民日报》作为综合性的新闻传播媒介,它报道的范围十分广泛,接收新闻消息的读者群体也会是十分庞大的;《21世纪经济报道》这种专门针对某一领域的传播媒介,它主要是介绍与经济相关的时政热点;而《中国经营报》更侧重于对企业经济的报道。

(三)锁定传播风格

传播风格是指传播的新闻在总体上所表现出来的风格特色。它同样与新闻媒体的性质、宗旨、目标受众有关系。尽管是对同一件事情进行报道,《焦点访谈》的宗旨是"让事实说话",突出思想性,启发人们思考,而《新闻调查》则更注重"探寻事实真相",注重揭露事件的过程,通过有悬念的组织安排故事情节来告诉观众故事的答案。

(四)锁定传播品质

这里所说的品质主要是指如何对新闻内容进行报道。对于新闻事件,传播媒介不只是把它原汁原味地摆在那里就可以,而是要进行一系列的加工,也就是如何把它以最佳的方式呈献给读者。对于一起故意杀人案件,有的媒体把它当成社会新闻来报道,有的媒体则通过深入的分析,揭示这起案件所说明的社会问题以及产生的不良影响,还有的媒体通过这起案件重点分析与之相适用的法律条文。这些都是由媒体的方针政策决定。在锁定传播品质的过程中,还应该考虑到目标群众的文化程度、专业背景、知识水平,这样才能让新闻内容真正地发挥价值。

四、新闻编辑的流程

(一)新闻策划

新闻策划主要指的是新闻的报道策划,是对新闻报道整个流程的一个组织规划,包括报道的方式、手段、视角等,努力做到介入及时、开拓深、立意高,并往往具有"战役性"、系列性和专题性。这种策划贯穿于整个新闻报道的过程之中。新闻编辑的策划工作必须要全面统筹,整体把握整个事件的发展脉络、精心设计每一个报道环节,并在实事求是的基础上调查研究。一般来说,新闻策划主要关注的事件包括以下几方面。

第一,关注带有周期性的选题和对一些重大事件的追踪报道,如两会召开、奥运会举办、特大事件纪念活动这类新闻。

第二,关注重大突发事件的后续报道,如矿难、洪水、地震等,这些事件发生后,新闻传播者要弄清楚其发生的原因、经过、结果,并且对如何报道该事件做出详细的计划。

第三,追踪报道重要事件,这主要是考虑到新闻事件的复杂性和相关性而采取的系列报道的方式,使事件的来龙去脉更加清楚明了。

(二)新闻报道

新闻报道需要新闻编辑与记者进行密切的合作,以此对新闻报道产生全方位的影响。概括来说,新闻报道主要包括以下几方面的内容。

1.调控报道

在新闻报道的过程中,客观条件总是存在着差异,新闻编辑部应该考虑到这种差异及时地进行调控,调节事件报道的进程,以达到最好的报道效果。报道调控的主要内容有接受反馈和调整报道两个方面。调整报道的依据就是接受反馈,这些反馈包括从事报道的记者的反馈、报道对象的反馈、有关部门和主管单位的反馈、受众的反馈等。

2.组织报道

组织报道指在新闻采访报道的过程中,编辑部对报道进行部署、推进、控制以及总结的活动。编辑部对报道的主要内容范围、报道重点、报道过程、发稿计划、版面地位和版面形式、报道人员等方面做出整体的设计,采编人员根据这些安排各就其位,各司其职,完成新闻采、写、编、传的任务。

3.稿件处理

稿件处理主要包括组稿、选稿、改稿三个方面。

第一,组稿。组稿是指根据相关的选题策划和受众群体组织稿件的过程。稿件的主要来源是各大通讯社(我国主要是新华通讯社和中国新闻社)的电讯稿、本机构新闻记者采写的新闻稿、通讯员来稿。一些专业较强的新闻事件,超出了本报记者的能力范围,通常需要编外的特约记者来写新闻稿件。还有一些新闻评论员文章也是有关专家或政府管理决策层约请的新闻评论文章。

第二,选稿。选稿是指新闻编辑根据相应的新闻报道的方针政策,每天从众多的选题中挑选出有意义、有报道价值的新闻稿件。选稿的标准是要依据报道的方针政策、预期的社会效果与影响力、目标受众的需要。这些都与新闻编辑人的职业素养有关。如果选择的新闻稿件没有社会意义,那么公众对新闻媒体就会产生信任危机。

第三,改稿。对于要报道的新闻稿件必须进行更完善的修改,从而保证新闻传播的质量。

4.新闻标题制作

对稿件处理完之后,接下来比较重要的就是处理新闻标题。新闻标题具有标出事实、进行评价和吸引注意等重要功能,所以新闻编辑中一定要着重对新闻标题进行编辑制作。

5.组版

组版是新闻编辑处理新闻稿件的最后环节。它是新闻编辑将各类稿件在版面上整体布局的过程。新闻编辑的组版包括组编版面内容和设计版面形式。

（1）组编版面内容

组编版面内容主要包括以下几个方面。

第一，在组编版面的过程中，要优先考虑头版和重点内容。头版设计好之后，再将其他各个版面的内容进行精心的设计。

第二，合理地布局稿件的位置，掌握好稿件的信息量。根据版面空间的限制，精心地挑选稿件。安排稿件的位置主要是考虑信息量的大小和它的价值大小，同时还要考虑是否会和其他内容重复。

第三，确定好稿件的位置后，还要对稿件进行分类，使评论、编者按语、相关资料等非新闻稿件各就其位。

（2）设计版面形式

设计版面的程序主要有安排次序、计算篇幅、考虑轮廓、确定版式、审看大样。在版面设计的过程中，编辑者会运用到多种手段，如选择字号与字体、变换栏式和题型、运用线条和空白、配置图片和图案等，使得版面形象美观大方、合理得体。

第三节　新闻写作

一、新闻写作的概念

新闻写作是指新闻工作者把采访中搜集到的材料、信息，通过文字写作制成一定体裁的新闻作品的过程。[①] 新闻写作是新闻采访工作的深化，是新闻价值的集中体现，直接关系着新闻传播活动的效果。

---

① 宫承波，方毅华，唐远清.新闻业务［M］.北京：中国广播电视出版社，2007：31.

二、新闻写作的原则

新闻在写作的过程中需要遵循一定的原则,概括来说,这些原则主要包括以下几方面。

(一)用事实说话原则

用事实说话原则是指通过新闻报道向读者表明某种思想或者观点,读者通过新闻写作自然而然地就可以将新闻作者所要表达的意思理解清楚。事实是新闻的本源,事实是第一性的,新闻是第二性的,新闻写作必须要建立在事实的基础之上,因此,用事实说话原则是新闻写作应该遵循的最基本的原则。

(二)现场实录原则

记者在对一些新闻事件进行描述时,可以遵循现场实录的原则,以逼真地再现事件的过程,从而增强新闻事件的真实性和提高其说服力。记者现场目击、目击者口述笔录、亲身经历事件者讲述等最具现场感和逼真性。使用现场实录手法时,一般多采用第一人称叙述,让新闻事件的经历者讲述自己的亲眼所见和亲身经历,从而给读者提供第一手材料。

(三)点面结合原则

这里所说的"点"是具体的,指在特定时间和空间中的具体事件,是有代表性、典型意义的事件;"面"是概括的,指的是事件的全貌。有点有面,点面结合,就能具体、全面地反映事件。

(四)精要点击原则

新闻写作虽然讲究用事实说话的原则,但是并不反对议论,有时,适当的议论能够一语中的,精要点击,具有画龙点睛的作用。需要注意的是,议论要做到精要和简约,一定要在水到渠成之时自然而然地引发出来。

除了以上原则之外,新闻写作还应遵循正反对比及从小处着眼等原则。有时,记者只需将今昔、正反等不同事实组织在一起,读者自会通过比较得出结论。另外,记者有时从小处着眼,精选新闻事件,往往能够解释重大主题。所以说,正反对比原则及从小处着眼原则也应该是新闻写作应该遵循的原则。

三、新闻写作的结构

结构是文本的框架,是对语言材料的组织和构造。无论是文字文本,还是音像文本,都需要一定的结构。概括来说,新闻写作的结构大体上可以分为以下几大类。

(一)编年体式结构

编年体式结构严格按照事件进程的时间顺序,将事件进程中的关键环节记录下来,其优点是清楚显示事件发展的脉络,凸显事实链条中关键的环节,使文本显得确凿可靠。对重大事件、突发性事件的报道,采取编年体式结构,可以精确、明快、详尽而又高效地传递信息。在对时间的跨度很大、关涉的问题很复杂的事件报道中,采用编年体方式则需要有高度的剪裁能力,恰当地安排详略,做到既呈现过程的清晰脉络,又凸显重要的事实。编年体报道不仅适用于重大事件、突发事件、跨时长的事件的报道,也可用于小型事件的报道。

需要注意的是,编年体式结构有时候并不独立使用,而是与其他结构方式套用。

(二)穿插式结构

穿插式结构是指在对核心事件进程或核心事物展开的叙述中,插入相关内容,便于受众对核心事件或事物的感知与理解,揭示事件或事物的深层意义,渗透传播者的意图,强化新闻的主题。

使用这一结构的关键在于确立主线和选择插入点。

在穿插式结构中,主线的确立有时候依据新闻事件的进程,有时候依据现在的场景,有时候可以根据一个关键线索展开。也就是说,主线的确立方式可以是多种多样的。值得注意的是,主线不仅用于串联和组织材料,使之成为严密的整体,而且用于凸显新闻的主题。

(三)钻石式结构

钻石式结构由于类似于钻石的菱形而得名,开头和结尾往往篇幅短小,中间部分很长,也是主体部分。它来自《华尔街日报》的报道写作模式,即以一个事例、一句引语或一个人的故事开篇,力求做到开头人性化,然后从人物与新闻主题的交叉点切入,过渡到新闻的主题,接下来集中而有层次地展开这个新闻主题,最后重新回到人物,将人物引入新闻,在一个更新的层次上揭示人物与新闻主题的关系。

(四)倒金字塔式结构

倒金字塔式结构是西方新闻写作传统中的主要结构形式,它的特点是把最重要、最精彩的事实放在一开头的导语中,其他事实按重要程度递减的顺序排列。这种结构,既便于记者以最快的速度写出报道,也便于编辑根据版面大小,从稿件尾部向前删减,一直删到稿件长度适合安排版面而不致影响新闻的完整性。

需要注意的是,在采用倒金字塔式结构进行新闻报道时,应该特别关注重要性等级排列。这一问题同样不仅是写作的问题,而且也是新闻价值观问题。

四、新闻写作的语言要求

(一)准确

准确是对新闻语言的最基本的要求,具体来说,准确的要求包括以下几方面。

1.知识要准确

新闻写作涉及的范围很广,内容庞杂,新闻记者对各方面的知识都需要有所涉猎,这样才能保证写出来的新闻不受到内行人的质疑;相反,如果记者缺乏有关知识的准备,新闻写作就会漏洞百出。老一代新闻工作者黎信曾经以自己的经历告诫我们,新闻工作者在反映客观事物时,要具有相关的知识储备,否则会出差错、闹笑话。

2.用语要准确

用语准确的要求主要有以下几个方面的内容。

(1)用语要具体

传播学家施拉姆指出:"有效传播的一个秘密是把一个人的语言保持在听众能够适应的抽象程度上的能力,以及在抽象范围内改变抽象程度的能力,以便在具体的基础上谈论比较抽象的内容,使读者或听众能够不困难地从简单熟悉的形象转到抽象的主题或概括上来,并在必要时能够再回到原来的形象上去。"记者要想使其对关键的人物或事件的表述能引起读者注意,并给读者留下深刻印象,就应该避免抽象笼统的表达,而努力寻求具体准确的描述。

(2)语言平实

在新闻写作中,如果使用过多华丽的辞藻,一味地运用形容词和其他修饰语,就会使新闻写作流于形式,而内容不具体、不充实,最终导致新闻内容空洞,索然无味,甚至会使新闻带有浓厚的主观色彩,脱离客观、公正的立场而陷于倾向摇摆不定的尴尬境遇。

(3)允许记者合理想象

一些记者为了追求语言生动,新闻事件新奇,刻意营造现场感,通过文学想象,获得煽情的效果,而忽略了信息本身的可靠性与可信度。记者对新闻事件进行表述,主要是向受众传达客观事实,可以有合理的想象,但不能进行虚构,或表达过于浮夸。

3.要素要准确

新闻是由众多要素碎片组合而成的整体,尤其是对时间、数量、细节要素,如果表意不清会损害新闻的效果。"近日""日前"这些模糊的时间词经常会出现在新闻报道中,除非涉及不便公开时间的事件,这样的词语应该尽可能不用。新华社记者孙世恺先生曾指出:"其实,新闻用这样含混不清的时间概念去表述新闻的时效,明眼人一看便知道这是作者为了'打马虎眼'。新闻语言要准确,就不能用含糊笼统的概念迷惑读者。新闻事实发生在'今天'就应写'今天',发生在'昨天'便写'昨天',这样铆是铆,钉是钉,才能使读者看到新闻中传递的信息是准确可靠的,从而也增强新闻的可信性。"

当新闻报道中涉及数量时,一些报道中会出现"一些""大部分"等含糊处理的词,殊不知,数字在一些新闻中是关键性的要素,暗含着重要的新闻点,这一要素表达的准确性对新闻报道的质量和可信度有着重要的意义。记者在采访时要尽可能把数字弄准确,尽可能给读者提供相对准确的数字信息。此外,新闻报道中对于新闻事件的细节等具体要素的把握也要准确。

(二)简洁

简洁是指新闻写作的结构能够重点突出最重要的信息,直指新闻事件的核心,其他内容按其重要性进行排序,语言要平实、简练,并能够传递出丰富的信息。新闻行文的简洁意味着快速、有效地传递新闻信息,可以提高新闻传播的效率;而且,篇幅短小的新闻占据较少的新闻刊播的空间和时间,因此可以增加更多的信息量。当然,简洁不仅仅是简短,还要求表达清楚、准确,不能一味地追求简略,造成语义晦涩、难懂。

新闻语言要求简洁,不仅要求语句紧凑、篇幅短小,而且还要求言简意丰,即用简洁的语言传达出丰富的信息以及思想内容。有的新闻之所以不简洁,往往是因为新闻的内容不能做到详略得当,有些要具体说,而有的内容可以简单说甚至直接略去;而有时候,记者为让一个句子表达多重含义,想取得不同凡响的效果,结果造成表意不明,甚至让受众造成误解。语言的简洁对新闻在语言外观上的品质好坏,以及事件的新闻价值能否在新闻报道中充分实现发挥着重要的作用。

（三）易读

新闻传播要面对最广大的受众,新闻写作的目的是要让受众认知、了解新闻事件,将新闻记者认为有价值的内容传递给处于未知状态的广大读者。只有得到公众真正接受、理解,新闻写作才完成了自己的“使命”。易读的基本要求是语言通俗易懂、一目了然,语言表达时也要注意接近性的原则,即写作时要根据目标受众的知识结构、接受能力来制作新闻,拉近新闻作品与受众的距离。通俗易懂的一大拦路虎是专业术语或行话,即社会上某一行业、阶层、职业、团体等使用的专门用语。在这里,我们尤其要注意一类报道——科技报道。科技报道,顾名思义,是与科技有关的报道,因其科学性、严谨性,写作过程中难免会涉及专业术语、抽象表达。但如何在通俗易懂与确保报道本身的准确性之间寻求平衡依然考验着新闻记者的职业能力。记者在进行操作时必须明白,通俗易懂是以准确为前提的,如果为了通俗易懂而放弃新闻的准确和真实,那就是本末倒置了。对科学报道通俗化的处理不能以影响新闻质量为代价,而应以科学性为前提,吸纳受众更易接受的话语风格,既传递了科学知识,又达到了传播的目的。

要求新闻作品应该易读是受众中心论的应有之义,新闻记者在写稿时,编辑在编辑处理时,应该牢牢树立受众意识,时刻想到,新闻不是给少数人看的,而是给大多数人看的,因为阅读率是衡量一篇报道成功与否的关键因素。现代传播学中,易读性研究为这种受众意识下的实践给予了理论和技术指标的支持。所谓易读性是指文本易于阅读和理解的性质,它不仅关乎内容,而且涉及信息传递的方式,如平面媒体对版面的设计、电视新闻镜头的剪辑。就新闻写作而言,易读性除了要求在具体的语句和措辞上应努力追求通俗易懂外,还要求在结构、叙述手段等方面下功夫。如近些年来,我国新闻理论界和业界都有论者强调,新闻是讲故事的艺术,要求记者用故事讲述新闻,就是为了使新闻更具有吸引力,更具易读性。

值得注意的是,对新闻易读的强调与追求是对从业人员职业素养提出了更高的要求,记者自身应该对相关知识有透彻了解。只有传播者真正领会了,才能使新闻信息深入浅出地表达出来,充分揭示新闻事实的价值所在。

五、新闻写作的语言手段

在新闻写作中,语言手段的运用,如引语、语句顺序和语言情境等,也对新闻的质量有着重要的影响。

(一)引语

直接引语、间接引语和不完全直接引语是引语常见的三种形式。不同引语形式在新闻作品中的运用也是有所不同的。

1.直接引语

直接引语,即完整引用人物的话并加上引号,要求准确无误,一字不差。使用直接引语的好处最突出地体现在以下两个方面。

第一,在使用直接引语时,记者退居一旁而让报道中的人物自己为自己说话,拉近报道中的人物和读者的距离,从而使直接引语成为新闻报道里人情味的基本构成要素,许多情况下,甚至是首屈一指的要素。

第二,直接引语是三种引语形式中叙述干预最小的一种,能够最大限度地实现保真功能,贴合新闻真实性的要求,因为它不容许叙述者对人物的言语作任何改动。因此对具有争议的事情,完整提供陈述者的原话,可保护记者自己免受未准确表述发言者的意思的指控,拉开叙述距离,增强新闻的真实感和客观性,降低叙述者的介入程度,避免叙述者代言产生主观色彩,不至于出现过强的叙述声音。此外,叙述者欲借新闻人物之口说出自己希望表达却不便公开表达的观点和立场时,运用直接引语也会更加客观,传播者的态度隐藏于其中,尤其是在解释性报道中,记者往往通过这样的引语方式解释事件,同时表达自己的观点。

由于直接引语有一种"责任分离功能",使用直接引语,可以表示赞成和认同,也可以表示反对和质疑。所以新闻记者在选择直接用语时要把握好选用的尺度,只有那些真正能对新闻表达有益、话语风格独特、彰显人物性格等的话语才可被直接选用。

2. 间接引语

间接引语,即由叙述者概述讲话人的言语,可以完整复述,可以简要引用,也可以把许多人的言语和一个人的多句言语归纳引用。与直接引语强调的"原汁原味"不同,间接引语可以重组素材或是浓缩素材,以吸引读者的兴趣,可以进行大意转述,既可使记者笔下的文字尽可能地接近人物的原话,同时仍能够对啰唆的口语作必要的压缩和修复。实际上,绝大部分时候,记者不可能完全使用直接引语,而必须采用间接引语。

与直接引语复制的性质相比,间接引语是一种复述,一种描述[1],叙述者可以对人物话语进行概括、删略,所以间接引语赋予了叙述者更多的介入机会,因而它所表现出的叙述者的声音要强于直接引语。新闻报道的客观性、真实性要求使用间接引语时叙述者应采用客观的言辞复述,避免随意介入、定调,抬高叙述声音。

---

① 徐赳赳.叙述文中直接引语分析[J].语言教学与研究,1996(1):54.

3.不完全直接引语

不完全直接引语，又称"断引"，即只引用人物言语中的一部分，可以是一个短语、一个词组，甚至是一个字或词。不完全直接引语中引用的应该是人物言语中最重要的部分，而对"最重要的部分"的判断是见仁见智，具有很强的主观性。也就是说，在不完全直接引语中，作者遵从自己的转述需要，在用自己的话构成的叙述"线条"中，标示出直接引述的"点"。不完全直接引语的使用，其一般的规则与直接引语并无根本不同，即人物话语里关键的信息、表明某种强烈情感和偏见的话语、富有个性色彩的话语。从某种意义上说，叙述者加了引号的文字，是其认为有更大新闻价值的言语行为。

需要指出的是，在实际的新闻写作中，上述三种引语形式经常是综合使用的。它们的交互使用可以赋予报道以其他新闻形式无法企及的生动性。但我们也应该看到，如何综合使用引语形式，同样存在着选择，处理不当，会影响新闻作品对事实信息的传递和对情感倾向的表达。

(二)语言情境

语言情境是指作者通过多种语言手段，创造出情感、情绪、氛围等效应，构成读者接收信息时的语言环境。记者利用语言手段创设特定的情境，不仅向人们传达某种事实，而且牵动人的情感，甚至加入记者的主观态度和立场，以期引起读者的共鸣。语言的情境是对语言手段综合使用，包括词语、句式、修辞方式诸方面的选择和细节的描写等。如果遣词造句不够恰当，有可能破坏或模糊语言情境，从而影响读者在对事实信息的接收中对特定气氛的感受。

语言情境的创设应该来自事件本身，贴合事件本身，而不是刻意制造煽情的效果和耸人听闻的效应。在特稿和通讯写作中，语言修辞手段复杂，因此相对来说比较注重语言情境的创设。但这并不等于说，简短的消息就没有语言情境，实际上，很多对重大事件的报道,以其快速的节奏,动词的突出位置,也很容易使人们置身于紧张的情境之中。

(三)语句顺序

语句的顺序包括语序和句序。

1.语序

语序指语言中词语结合的先后次序,它包括并列词语(含短语)的语序、多层定语的语序和多层状语的语序。语序的变动可使词组或句子具有不同的意义。相传曾国藩早年打仗罕有胜绩,只好在交给皇上的年终总结中写下"屡战屡败"一词,并准备接受皇上的责罚。然而,他的幕僚把"战"与"败"二字做了个顺序上的调换。这样一来,屡战屡败的曾国藩却因为屡败屡战的大无畏精神受到了皇上的褒扬。这说明语序对语义的影响之大。

在很多情况下,一个事件可以有多种陈述的方式,这些方式的不同点之一就在于语序的安排。因此,用什么样的语序也是新闻传播者经常面临的问题。解决这一问题需要掌握语言的规律和明确把握传播的意图。譬如下列一组句子:

(1)主席台上坐着刚上任的市长。

(2)刚上任的市长坐在主席台上。

(3)刚上任的市长在主席台上坐着。

它们指涉的情境和人物大体相同,但其语义组合都有各自的语义中心和信息结构,在"以言指事"的情形下,对它们的选择可以从三个角度进行。从话语结构的角度,即表示说话人如何选择话题及围绕话题展开语言活动,它的结构形式是"主题—述题";从心理结构的角度,即表示说话人如何选择话语焦点以突出语义重心,它的结构形式是"预设—焦点";从信息结构的角度,即表示说话人如何安排已知信息和新信息,它的结构形式为"已知信息—新信息"。据此,可以看出:句(1)当中,"主席台"是陈述的主题,是已知信息,是有待引向焦点的预设;相应地,"市长"构成陈述中的新信息，是焦点所在。句（2）当中，"市长"是陈述的主题，是已知信息，是有待引向焦点的预设；相应地，"主席台上"构成陈述中的新信息，是焦点所在。句（3）当中，"市长"依然是陈述的主题，是已知信息，是有待引向焦点的预设；相应地，"坐着"这一状态构成陈述中的新信息，是焦点所在。由此观之，传达新的信息是句子的重心所在，新的信息往往放在句子的后面。对新闻传播者而言，选择什么样的语序，应该充分考虑要传递给受众什么样的信息，庞杂信息群中哪个是最有价值、最需要、要最快传递给受众的。

2. 句序

句子的顺序同样也很重要。合理的句序应该准确反映事物客观存在的过程，突出事物的新闻价值。请看下面一则新闻中的句子：

> 发生枪案的地点位于重庆沙坪坝区三角碑转盘附近。记者在现场看到，沙坪坝区信用联社、新华书店就在旁边。在距离信用联社不到100米的人行道上，有几摊血迹，刑警正在现场调查取证。

在这个段落中第二和第三个句子的顺序安排不尽合理。记者到事发现场首先应该注意的是事件本身的情况，"记者看到"这样的表述一出现，人们的注意力会被引向事件本身。作为相关背景，第二句的后一部分"沙坪坝区信用联社、新华书店就在旁边"，可以并入第一句，可修改如下：

> 发生枪案的地点位于重庆沙坪坝区三角碑转盘附近，旁边有沙坪坝区信用联社、新华书店。记者在现场看到，在距离信用联社不到100米的人行道上，有几摊血迹，刑警正在现场调查取证。

由此可见，语句的顺序在语言的细节构成上影响着信息传递的效果与效率,进而影响信息的接收和理解。

六、新闻写作中不同信息的选择

(一)必要信息与冗余信息

必要信息是指能消除主要信息中不确定因素的信息。冗余信息是指信息中包含的、不影响信息完整的、不容读者自由选择的那一部分信息。在新闻写作中,对于必要信息一定要交代清楚,而对于冗余信息,则要做到尽量控制。

1.交代必要信息

对于新闻报道来说,必要信息主要具有两个方面的功能:第一个功能是必要信息能够使报道的新闻事实清楚,传达的信息准确明了,使读者读后不会产生疑惑;第二个功能是必要信息能够使新闻价值真正体现出来,加强读者对事实意义的理解。无论什么情况下,我们都不能为追求新闻价值而将必要交代的信息省掉。有意缺漏必要信息的做法,既改变了事实的价值,也伤害了受众的知情权,违背了新闻报道的客观公正的原则。因此,记者一定要将新闻中的必要信息交代清楚。

2.控制冗余信息

对于一篇报道来说,冗余信息是可有可无的部分,因为少了它,一篇报道可能仍然是完整的或能够使之完整的。一篇报道中冗余信息越多,它所包含的实际信息量就越少。一个优秀的记者在编写新闻报道时一定要找到最佳的冗余度,以抵消传播渠道中的干扰,从而提高传播效果。例如,我们和他人见面时会问"吃饭了吗?"这句话其实并不是真正想问这个人吃饭了没有,而是一种维持双方之间关系的方式,这就涉及了语言冗余信息的容忍度的问题。语言冗余信息的容忍度是指语言使用人运用、控制语义性冗余信息时所掌握的分寸。概括来说,语言冗余信息的容忍度可以分为以下三种情况。

第一,较小容忍度。新闻报道中采取的就是这种情况,它追求的是用语的简练。

第二,容忍度为零。这种情况力求简要,彻底删除多余信息。

第三,容忍度很大。对语言多余信息采取纵容态度。这种情况主要表现在文学作品中,一些文学作品往往通过大量的冗余信息制造特殊的语言环境,从而达到一定的效果。

总之,对于新闻报道来说,冗余信息不可过多,记者在写作的过程中一定要注意控制冗余信息。

(二)主信息与次信息

主信息是指在一篇新闻报道中处于主要地位,需要新闻报道者重点传播的信息。次信息是指在一篇新闻报道中处于次要地位,在传播主要信息时需要附带的信息。

在一篇新闻报道中之所以会出现主信息和次信息,其原因主要包括以下两个方面。

第一,客观事物之间存在着一定的联系,在阐述这一信息时,不可避免地会附带着另外的信息。

第二,事物内部具有错综复杂的矛盾,事物在运动的过程中,主要矛盾和次要矛盾不断发生转换,在面对新闻事实所表现出来的众多信息时,记者一旦偏重某个信息,那么这个信息就成为主信息,而其他附带的信息就成为次信息。

对于新闻报道的主信息,记者总是千方百计地进行强化和突出,而对于次信息,在不影响主信息传播的情况下,记者可以进行弱化处理,以避免喧宾夺主。

1.强化主信息

一则新闻报道能否成功,关键在于其信息能否成功地传播出去,为此,一旦确定了报道的主信息,记者总是想方设法对主信息进行强化和突出,使其更为醒目。具体来说,在新闻写作中强化主信息的方法主要有两种:前置法和重写法。这两种方法在不同的文体中有不同的表现。例如,在消息的写作中,前置法是运用比较多的方法,这就是消息特别重视导语写作的原因。它要求导语包含并突出主信息,主信息在导语中越是前置,就越能给人以强烈冲击。而在通讯报道中,对主信息进行处理的主要方法是重写法。所谓"重写",就是浓墨重彩地写。在表达方式上,通常用细描、抒情和议论;在修辞手法上,则不惜用排比、重复等法。

2.弱化次信息

在新闻中,次信息主要可以分为两种情况:第一种情况是起辅助作用的信息,通常是消息中的背景材料;第二种情况是在生活中存在联系,但是在新闻中对主信息不具有辅助作用的信息。前一种次信息在新闻写作中具有一定的必要性,但与主信息相比,其居于"宾"的地位。处理得好,则"宾""主"相安无事,相得益彰;处理得不好,则有可能喧宾夺主。因此,对于这种情况,对它进行弱化是非常必要的。后一种次信息与主信息存在一定的联系,但由于在新闻写作中并没有将二者之间的联系表现出来,所以在报道中会显得与主信息无关。对于这样的次信息,记者可以根据情况对其进行处理,要么将其删除,要么进一步将它与主信息的必然联系挖掘出来,以将其转化为有用的辅助性信息。

第七章　融媒时代新闻传播的
舆论引导研究

　　融媒时代,新闻传播与舆论之间具有极其密切的关系。一方面,新闻传播能够反映舆论,促进舆论的形成和发展;另一方面,新闻传播能够调控舆论,对人们的思想、行为实施引导,对政党、团体的决策实施监督。本章将对融媒时代新闻传播舆论引导的相关知识进行简要阐述。

第一节　新闻传播与舆论的关系

　　现代社会中,新闻传播与舆论之间建立起一种天然的、密切的关系。新闻传播凭借其自身的特性,不时介入舆论产生和作用的各个环节中。这种介入,构成了它与舆论的千丝万缕的关联,归纳起来,主要体现在以下三个方面。

一、新闻与舆论的关系

新闻界被称为"舆论界",讲舆论必及新闻,论新闻必及舆论,否则就阐述不清楚。至现代社会,两者的关系更加紧密。

(一)舆论是新闻内容重要的建筑材料

1.新闻必然反映社会舆论

第一,新闻直接反映舆论,这是新闻内容和新闻规律的硬性规定。不然,何以言真实地反映社会现实?何以言准确地界定社会环境?何以言全面地记录明天的历史?所以,对于那些颇有影响的社会舆论,传播者视之为新闻宝藏,总是争相反映。

第二,"舆论新闻"从来是新闻传媒"有声音"的重要标志,是新闻传播"三贴近"的显著表征,颇能造就影响力与公信力。刘少奇在《对华北记者团的谈话》中讲记者怎样全心全意为人民服务时指出:"你们要了解人民群众中的各种动态、趋向和对党的方针政策的反映。……要采取忠实的态度,把人民的要求、困难、呼声、趋势、动态,真实地、全面地、精彩地反映出来。""人民的呼声,人民不敢说的、不能说的、想说又说不出来的话,你们说出来了。如果能够经常作这样的反映,马克思主义的记者就真正上路了。"①

第三,"舆论新闻"是"叙言"的,有益于新闻传播在总体构成上形成合理的结构,使之兼备"左史记言、右史记事"的全面性。新闻界有"叙言新闻"之说。那么,何谓叙言新闻?简言之,就是"言议报道",主要指那些报道某种见解、看法、论断、主张的新闻。凡是以社会舆论观点、权威人物意见、会议精神、文件内容、政策信息、学术论点等为报道对象的新闻,一般都属于"叙言新闻"②由此来看,"叙言新闻"也便是"舆论新闻"。在中外新闻史上,许多"舆论新闻"都是最有影响的新闻。

2. 社会舆论是重要的新闻事实

作为公众意见,舆论和舆情直接反映社会现实,反映社情民意,因此,舆论径直产生新闻。许多社会舆论属于最为本色的新闻事实,一经报道出来就构成"舆论新闻"。深入一步看,重要社会舆论所涉及的问题,通常是社会的热点问题、焦点问题,与国计民生关系很大;通常属于实际问题、具体问题,在老百姓生活中显得实在、迫切。因而舆论往往不只是仅仅值得报道,而是大有报

---

① 刘少奇. 刘少奇选集:上卷[M]. 北京:人民出版社,1981:404.
② 彭菊华."叙言新闻"略论[J]. 新闻爱好者,2002(2):23—24.

道价值,报道出来即能引起广泛关注,乃至引爆社会舆论。总之,种种社会舆论非报道不可,新闻里必有"舆论新闻"一目,不然就"走漏"了新闻。

(二)新闻与舆论具有交叉性来复式互动关系

在新闻传播和社会生活中,新闻与舆论的关系并非只是如上所述,彼此泾渭分明而简单化,而是往往发生和呈现一种交叉性来复式互动关系,亦可谓新闻舆论与社会舆论的联动关系。即由新闻→舆论→新闻→舆论,或由舆论→新闻→舆论→新闻,新闻和舆论两者胶着在一起,循环往复,构成"回合"甚至多个回合。其间,上一个回合启开下一个回合,后一个回合承接前一个回合,一个回合比一个回合更深入、更强烈,从而直抵事情的真相和问题的解决。主流媒体的情形经常是这样,在网络媒体和网络舆论以及由网络媒体引发的新闻和舆论中更是司空见惯。

新闻与舆论的这种交叉性来复式互动关系,通常发生在重大新闻的报道与评论中。它同时属于新闻和舆论,是新闻与舆论关系中最为密切的情形,也是极为精彩的情形。只有那些够分量的新闻和够分量的舆论同生共至,情形才会如此。出彩的新闻报道必然获得社会舆论的喝彩,报道连续出彩便会获得社会舆论的一再喝彩;某种社会舆论一经新闻传播就转换为新闻舆论,这种新闻舆论即刻对社会舆论发生影响。这种情形有一时的,也有此时接彼时的。例如,《南方都市报》曾发表报道《被收容者孙志刚之死》,成为孙案的首篇报道。随后,孙志刚的悲剧引起全国各大媒体的强烈关注,新华社、人民网、《北京青年报》《广州日报》《南方周末》等媒体纷纷转载或进行后续报道,形成声势浩大的新闻舆论,强大的新闻舆论导致全国性的社会舆论。一时间,两种舆论交替作用,成为社会舆论的大热门。最终,广州当地法院开庭审理孙志刚案。之后,《城市生活无着的流浪乞讨人员救助管理办法》出台,1982年以来实施的《城市流浪乞讨人员收容遣送办法》被废止。

二、新闻媒介与舆论的关系

(一)新闻媒介会引导舆论

新闻媒介的一个重要作用就是引导舆论,即通过向社会公众提供大量准确、及时的信息,供人们了解外界变化,引为决策参考和行动依据。但这并不意味着新闻媒介在舆论形成中只是个材料供应者和意见反映者,也不仅是个问题设置者,事实上,现代新闻媒介很多情况下已上升为舆论的积极引导者。这种引导主要体现为两点。

1.通过直接或间接的意见表达引导公众意见

新闻媒介通过报道中隐含的意见倾向(即通常所谓"用事实说话"),或者通过直接的评论,表达观点立场,引导舆论。依照德国学者诺依曼提出的著名的"沉默的螺旋"理论:在舆论形成过程中,分散的公众成员在发表意见时会受到从众心理的很大制约,出于避免被孤立的很自然的想法,会自觉不自觉地受到占优势地位的多数意见的影响或左右。这种对于外界优势多数意见的感知主要来自人际传播和大众传播,在现代社会,则尤其来自面向大众的新闻媒介。由于新闻媒介常以公众代言人姿态出现,它的意见传播具有公开、广泛、持续时间长、声势浩大的特点,在社会意见中具有独特的权威感,这是媒体意见独有的、很难被超越的优势,也因此使之很容易成为主流意见(优势意见)。公众感知外界意见时也往往将其视为多数意见。如果自己与媒介见解相同就大胆发表,如果不一致就保持沉默或干脆改变原有想法,顺从媒体意见。如此发表的结果,主流意见会吸引越来越多公众的依附,少数意见则会越来越减弱,好像一个上大下小的"螺旋"。这种对于媒体意见的遵从、附和,往往也就是媒介有意识引导的过程,它是新闻媒介对舆论最积极的作用方式,也是其强大影响力的最鲜明的体现。

2.通过持续不断的信息流,构筑现代信息环境,引导舆论

现代人已日益浸润在媒介信息的汪洋大海中,人们眼中的现实,是媒介有意无意地营造出来的媒介现实,是媒介拟态环境。信息是舆论的建筑材料,它决定着人们对事实掌握的程度和对外界的感知,是意见态度形成的基础,是人们判断的依据。公众在形成意见态度的过程中,实际早已不知不觉间受到媒介信息环境的制约,这种信息钳制式地做着引导,若隐若现,潜移默化,作用更持久,作用力也更大。

(二)新闻媒介会引发舆论

舆论的形成必须要有一定的意见指向,即对特定公共事务要有一定的了解,认识其与自身利益的关系等,这样才能发表相应的意见。而公众对这些事件的了解主要是通过新闻媒介获得的,也就是说,公众所接收到的信息中,有很多重要信息来自新闻媒介。甚至可以认为,我们对外界信息重要程度的判定也主要依据新闻媒介判定的顺序。比照传播学中的"议程设置"理论,人们生活在由新闻媒介提供的源源不断的信息流中,新闻媒介也许不能从根本上决定人们如何判断和思考,但至少能在很大程度上决定人们思考什么、关心什么。这种理论认为,新闻媒介报道外界信息是经过仔细筛选与过滤的,并采用种种手段把媒介认为重要的信息加以凸显,使之成为公众焦点,进而引发公众舆论。这是一个严格选择与精心突出的过程。新闻媒介设置的议题常常衍生为舆论的源头——公众关注的公共问题(事务)。这是新闻媒介长期、潜在地影响舆论的一个最重要手段。[1]

(三)新闻媒介会反映并代表舆论

在社会实践中,分散于各处的大众要想将自己的意见在公开

① 赵玉花.新闻媒介与舆论导向的关系[J].东方企业文化,2012(22):157-158.

表达的基础上,产生一定的影响力,吸引更大范围的社会群体参与讨论,最终形成的一致意见也要公开表达才能作用于社会,成为具有实际意义的公众意见,就必须借助一定的媒介。新闻媒介履行的是面向全体社会成员的大众传播,对社会全面开放,其传播涵盖范围之广、公开性程度之高,都是其他传播渠道所难以比拟的。与此同时,新闻媒介活动在传播过程中又常常表现为持续、大规模的运作,这样才能在社会范围内产生影响,公众也才能受到感染,并自觉参与到信息的传播、评论中来。从这一方面来说,新闻媒介是为社会舆论服务的,它的传播渠道和传播方式为社会舆论的传播奠定了基础。因此,舆论形成的自始至终,都常常少不了新闻媒介这条最公开的渠道。也正是由于新闻媒介对社会舆论的这种承载作用,新闻媒介与舆论之间也具有十分密切的关系,再加上新闻媒介传播活动的日渐职业化、专门化,久而久之,新闻媒介便成为专职性的舆论工具或舆论机关。在现代社会中,新闻媒介鉴于其最直接、最经常、最普遍地反映公众意见的舆论表达作用,逐步从单纯的表达渠道,"晋升"到了公众代言人、民意代表的地位,作为"广泛的、无名的社会舆论的工具"①,也就是我们前面所说的"拟态公众"。这样,在不经意间,新闻媒介在舆论领域实际已同时扮演了公众论坛和公众代言人的双重角色,它既是舆论的载体,又常常是舆论主体(公众)的影子。

三、新闻事业与舆论的关系

舆论是流动的社会意识,而新闻媒介由于担负着沟通与联系的功能,是舆论流动的"渠道"。

从历史发展来看,新闻事业是适应政治斗争的需要而产生的,是为了制造舆论而产生的。从新闻事业所处的社会结构来看,大众传播媒介位于上层社会控制和广大成员之间的中介领

---

① ［德］马克思,恩格斯.马克思恩格斯全集:第 7 卷［M］.中央编译局,译.北京:人民出版社,1956:523.

域,能使某种公德和社会规范得到宣传和明朗化,广为人知,取得社会的承认,使腐败现象受到舆论谴责,并用带指导性的思想倾向指导人们的社会实践,以达到协调和发展社会、不断推动社会进步的目的。新闻媒体反映舆论的功能,要求我们在宣传工作上把握舆论的脉搏,顺应舆论主流,贴近群众利益,反映群众呼声,讲群众之所想,呼群众之所求,为群众放言,代群众说话。

作为社会舆论的载体,新闻媒介不仅仅被动地反映舆论,同时也主动地对它施加影响,传播者会以各种新闻手段和舆论手段影响受众,同时他们也要接受社会对他们的规范。

第二节　新闻传播的舆论导向

一、新闻传播舆论导向的原则

正确的舆论导向,能够凝聚人心,振奋精神,激励斗争,促进团结;而错误的舆论导向,会混淆视听,涣散人心,瓦解斗争,造成政治、经济和社会不稳定的严重后果。因此,新闻传播必须坚持正确的舆论导向,这就要求新闻传播在引导舆论导向时必须遵循以下几方面的原则。

(一)党性原则

在无产阶级国家,新闻事业是党的事业的一个组成部分。作为无产阶级新闻工作的基本原则,党性原则可以说是新闻传播舆论导向所要遵循的最基本原则。这是做好新闻舆论导向工作的一条最基本的原则,任何时候都必须坚持,落实到新闻实践活动当中去,必须按照党所规定的行为准则来进行新闻传播活动。否则,就会方向不明、是非不清,会被金钱和名利所干扰,难以做到正确引导舆论,新闻舆论导向就会走偏方向。[①]

(二)有效性原则

新闻传播舆论宣传还要遵循有效性原则,将人民群众放在第一位,要面向群众,深入群众,了解群众的需要、要求愿望和呼声,使宣传内容与人民群众的愿望相联系,并贴近群众的觉悟水平、认识能力和判断能力,使宣传切实有效。切忌表面上声势浩大,实际上脱离群众实际,并宣传群众不需要不理解、不合口味或暂时不能接受的思想观点,这样的宣传是将宣传者自身当作宣传对象,而非将人民群众当作宣传对象,对这样的宣传,人民群众不会有感应,只会导致宣传失败。

(三)正面性原则

新闻传播舆论宣传要以正面宣传为主。坚持以正面宣传为主的原则,就是要慎重地鉴别和筛选群众中自发产生的、多种多样的舆论,放大、扶持、推动积极有利的舆论,阻止、限制、转化消极有害的舆论,有选择地控制会带来暂时性副作用的批评性、揭露性舆论,并按照社会发展需要促进新的合理舆论的形成。

以正面宣传为主的原则是由我国国情决定的。当前,我国的政治、经济、文化正处在重大变化期,这种变化的主流是好的,方向是对的,前途是光明的,但变化的过程中难免会出现各种问题。因此,作为社会新近变动的反映,新闻舆论要坚持以正面宣传为主的原则,引导人们看清主流,看到光明,看到前景,看到希望,增强信心,鼓舞斗志。此外,我国的新闻媒介是党和人民群众的"耳目喉舌",要为社会主义现代化建设、精神文明建设和民主法治建设服务,要维护国家统一、民族团结,要以实现社会稳定和政治稳定为历史使命,这也要求新闻舆论宣传要创造正面的社会效果,正确地宣传党的理论、路线、方针、政策,唱响时代的主旋律,讴歌

---

① 乔辉.试论在市场经济条件下新闻报道应把握的原则[J].湖北广播电视大学学报,2002(3):112—114.

人民群众的伟大实践,以科学的理论武装人,以正确的舆论引导人,以高尚的精神塑造人,以优秀的作品鼓舞人,使新闻舆论传播在建设有中国特色社会主义的伟大事业中发挥有力的思想保证和舆论支持作用。

二、新闻传播舆论导向的形式

在长期的新闻实践中,新闻传播形成了多种舆论导向方式,具体来说,主要包括以下几种。

(一)参与式启导

参与式启导就是让新闻受众直接参与新闻传播活动,现身说法,以影响社会舆论。参与式启导主要包括发表受众来信、问题讨论、点评节目、对话交流、民意测验等方式。在我国,新闻媒介经常刊播受众的来信、来稿,也经常让受众参与重大问题的讨论。

(二)正面启导

正面启导是新闻舆论导向中最常见、最重要的一种方式,主要是指新闻媒介要运用各种评论形式,如社论、评论员的文章等,发表自己某一社会公共事务和社会问题的意见,阐明自己的立场、态度和主张,从而影响社会舆论。

(三)典型启导

典型启导就是通过对一定历史时期内出现在同类事物中最具代表性的人或事进行报道来影响社会舆论的方式。典型报道是社会公众认识世界的桥梁和窗口,能够为社会公众提供一个学习和模仿的"模特",正如毛泽东在《矛盾论》中所说:"就人类认识世界的秩序来说,总是由认识个别的特殊的事物,逐步地扩大到认识一般的事物。人们总是首先认识了许多不同事物的特殊的本质,然后才有可能更进一步地进行概括工作,认识诸种事物的共同本质。"

典型报道是我国社会主义新闻事业的一大特色,在长时期的新闻实践中,新闻工作者们对雷锋、焦裕禄、孔繁森、张鸣岐、张素丽、王进喜、李素丽等典型人物的报道,在社会舆论导向中发挥了重要作用。可以说,典型启导是党的思想方法和工作方法在新闻工作中的反映,是新闻传播规律的具体运用。需要注意的是,典型报道要对典型人物进行"人化"的宣传,而不是"神化",报道要适时、适量、适度。①

(四)警示式启导

警示式启导指的就是对不利于实现社会目标、建设社会规范的思想和行为进行曝光、批评和舆论监督,让新闻受众从中受到警示,从而从反面或侧面引导社会舆论。

简而言之,新闻传播舆论监督就是对社会运行中的偏差行为进行矫正和制约。作为新闻舆论导向的一种重要方式,新闻传播舆论监督是一种多层次、全方位的社会监督,其监督对象主要包括党政权力机关的整体行为、社会团体和经济实体的群体行为以及公民的个体行为。在实现监督的过程中,新闻媒介一旦发现不利于实现社会目标、建设社会规范的思想和行为,应立即予以报道、批评,不能只告诉人们"什么不对",还要以正面引导加以配合。需要注意的是,警示式启导要把握好"度",不可太多、太滥、太密,否则会给社会公众一种错觉,进而产生负面效应。

(五)开放式启导

开放式启导指的是增加新闻报道的透明度,将某一社会变动的发展变化过程清清楚楚地展现在新闻受众面前,让新闻受众从中受到启发。开放式启导主要包括现场报道、广播电视中的直播式剪播、进行式连续报道等方式。

---

① 李铁锤.对正面典型的对抗式解读——典型人物报道效果不佳的原因分析[J].新闻知识,2007(7):37—38.

开放式启导是开放型社会环境的要求,在这种环境中,新闻传播要增加透明度,只要不涉及党和国家机密,重大事情尤其是那些对人们的思想行为能产生重大影响的新闻事件要尽可能快地让人们知道,以"先入为主"来引导社会舆论;同时要增加具体新闻事件报道的透明度,将新闻事件的现场、发展变化过程等直接而真实地展示在受众面前,让受众自己去思考、去判断,得出结论。

三、新闻传播舆论导向的艺术

(一)增强针对性

针对性是指"有的放矢"。新闻舆论引导要针对什么?一言以蔽之,就是针对实际。一是针对社会生产生活实际。要掌握上情,了解下情。并且,要找到上情与下情的对接点。只有吃透两头,既合乎上情又合乎下情,才会引导效果好。二是针对社会舆论实际。要确切了解此时此刻社会舆论的热点、焦点和节点,知悉人们在议论什么,主要观点是什么。如果根本不知道社会舆论即将发生,甚至闹翻天了还懵懂不知,就谈不上舆论引导。

强化新闻舆论引导针对性的一种规定动作、必然选择,是切实加强对突发事件特别是重大突发事件的舆论引导。突发事件是指突然发生,造成或可能造成严重社会危害,需要采取应急处置的自然灾害、事故灾难、公共卫生事件和社会安全事件等。这种事件一是事发突然,具有震撼性,而又情况不明,风险难估;二是事件具有负面性和危机性,情况复杂,矛盾交织;三是容易为人利用,而且总有人想要加以利用;四是当今的突发事件往往即刻就到了网上。事实表明,新闻舆论和舆论导向很容易"翻船",往往就翻船在这里。所以,突发事件最需要正确的舆论引导,突发事件的舆论引导最见舆论引导能力。

加强对突发性事件的舆论引导,在于抢占舆论制高点。第一，直面事件，主动及时真实地报道事件真相，抢夺第一落点发布权威信息，把握好事发后 12 小时、24 小时和 48 小时三个时间节点，赢得舆论引导的主动权。第二，多谋善断，准确把握事件的性质，以降低事件的危害性为准则安排媒体议程，掌握舆论引导的必要强度，拿捏好公开透明的"度"。第三，多种媒体多管齐下，高度重视互联网和其他新媒体，形成正确引导舆论走向的合力。第四，加强对事件走向的动态引导，准确了解和研判舆情，有效地监控负向舆论，反击各种谣言和谎言，提高舆论引导的针对性和有效性。第五，平日未雨绸缪，提高对突发性事件的前瞻性和预判力。

（二）优化新闻议程设置

"议程设置理论"由美国传播学者马克斯韦尔·麦考姆斯和唐纳德·肖提出。该理论认为，大众传播往往不能决定人们对某一事件或意见的具体看法，但可以通过供给信息和安排相关的议题来有效地左右人们关注哪些事实和意见及他们谈论的先后顺序。议程设置是新闻传播的常规动作，又是高难度动作。规模和高度决定舆论影响力，高明的新闻议程设置，亦即高超的新闻舆论引导艺术。

优化新闻议程设置须善用典型报道。所谓"典型"是指那些代表性特别强、内涵特别深的典型事例和典型人物，一个典型就是一大群、一大片、一大类，一经报道，就会有舆论反应。因而，典型报道一出，就能形成舆论引导。报道正面的典型，典型的先进人物具有榜样意义，典型的先进经验具有示范作用；报道反面典型，提供反面教材，能给人以深刻的警示。

典型报道必须确保可靠性。新闻典型应该是完全真实的，应当从社会生活中和群众实践中去发现活生生的典型，而不能从某种政治需要出发炮制典型。典型报道应当实事求是，对正面典型要不拔高、不美化、不神化。只有完全真实的典型报道才能发生舆论引导的作用，假的典型报道只会适得其反。典型报道要有时代感。典型属于它自己的时代,有其产生的特定环境,它反映时代真相,或引领时代潮流。一个时代有一个时代的典型,报道典型要充分发现它的时代意义。时代意义越显著,越能引导舆论。

(三)办好新闻评论

新闻舆论引导要打新闻"组合拳",动用新闻的"十八般武艺",尤其要注重发挥新闻评论的独特作用。新闻评论在新闻传播中,起开路、举旗、定调的作用,是新闻传媒的灵魂和旗帜。在引导社会舆论、影响人心所向等方面,新闻评论有着巨大的社会功能,常常是一篇好评论抵得百十篇好报道。新闻评论的舆论引导艺术,首要的是准确地把握时代的社会脉动和思想脉搏,及时抓住社会生活中的大是大非做文章,是地道的"时评",并且立言得体。其次是以人们的情绪为第一信号,就大众所思所想的新倾向开展评论。以前有一种说法,叫报纸评论"读者对象县团级",如今需要改变一下。作为新闻的利器,新闻评论也应面向普通群众,以提高人们的思想认识为己任。最后是缘事而发。新闻评论要依傍着具体的社会生活事件,就事论理,理从事出,事实是活生生的,道理也是活生生的,而不是空对空,说许多抽象的空话,喊一些空洞的口号,甚至动辄长篇大论,喋喋不休。

第三节   融媒时代新闻传播舆论的调控

一、融媒时代新闻传播舆论调控的重要性

融媒时代新闻传播舆论调控的重要性,具体来说是通过以下几个方面表现出来的。

(一)发出舆论先声,推动社会变革

新闻传播是社会变革的先导,是推动社会前进的巨大精神力量。同时,新闻传播是适应社会变革的需要产生的,是社会变革在观念上的反映。它通过揭露旧制度、旧体制的弊端,指明社会发展的方向和道路,从而为新制度、新体制的诞生鸣锣开道。

具体来说,在新闻传播过程中,会形成强大的舆论洪流,为社会变革奠定重要的思想理论基础和充分的舆论准备,从而推动社会变革的顺利进行。

(二)整合舆论环境,促进社会发展

稳定是社会存在和发展的基本前提,社会的稳定有利于社会的发展,但稳定本身不等于发展。稳定有不同的形态,有死气沉沉的稳定,也有充满生机与活力的稳定,我们所要的不是前者而是后者。新闻传播对舆论的调控既着眼于社会稳定又着眼于社会发展,具有对舆论环境的整合功能,易于在全社会促成一种既有集中又有民主,既有纪律又有自由,既有统一意志又有个人心情舒畅的局面,进而在对社会舆论实施调控的同时,最大限度地激发广大人民群众投身于国家建设事业和民族振兴事业的积极性、创造性。由此,必将促进国家的不断发展与进步。

(三)消解舆论震荡,维护社会稳定

社会秩序是社会整体各个组成部分在结构上相对稳定有序,在运行中相互协调、平衡的状态。有了一定的社会秩序,社会成员和群体间的交往就具有可期待性,社会的运行也就相对平静,从而确保社会稳定。但由于种种原因,人们并不总是能自觉地遵守既定的行为规范,而是不断发生越轨行为,给社会秩序带来混乱,使社会充满矛盾和冲突。尤其是正处于转型期的当今中国,有些延续了几千年的价值观念、风俗习惯、传统心理等发生了变化,一部分旧的社会体制,各种社会矛盾相互交织、撞击,不同群

体的利益重新分配与调整,人们对改革的期望值此消彼长,由此使得现有的某些行为规范的权威性受到挑战,人们可能同时面临两个或两个以上相互矛盾的多元规范,从而产生一定程度的舆论震荡,导致个人和社会团体偏离社会规范的行为增多。这时,新闻传播对舆论实施调控通常就成为消解舆论震荡,维护社会稳定的有力手段。

这是因为,在新闻传播中往往会暗示着特定的社会价值规范和行为准则,这会对面对某种社会舆论而不知所措的个人和组织形成有效的引导,促使其正确地面对舆论。同时,新闻传播所营造的舆论一旦形成,将会对在言行方面不同或越轨的人或组织产生重要的压力,促使他们改变甚至放弃自己原来的言行,与社会整体保持一定程度的一致。这样一来,必然能有效维护社会的稳定。

二、融媒时代新闻传播舆论调控的前提

融媒时代新闻传播对舆论的调控主要基于两个前提,即社会舆论具有可控性以及新闻传播具有能控性。

(一)社会舆论的可控性

所谓社会舆论的可控性,是指围绕某一事件或问题所形成的社会舆论,往往会随着事件或问题的变化而变化。人们就可以根据社会舆论的这种可变性,通过新闻传播改善舆论环境,引导舆论主体树立正确的价值观,掌握正确的方法论,正确地看待和评说舆论客体,并形成舆论压力,促使事件或问题朝着正向或反向发展,进而使已有的社会舆论随之强化或减弱。

(二)新闻传播的能控性

所谓新闻传播的能控性,是指新闻传播具有放大、扩散或削弱、淡化社会舆论的强大威力。公众在新闻传播的作用下,对某

一社会事态的注意力往往更容易集中或更容易趋于消解,进而使分散的舆论向热点问题靠拢,以形成颇有声势的舆论强态,或使较为集中的舆论焦点逐步平息,以恢复稳定的舆论常态。

三、融媒时代新闻传播舆论调控的原则

具体来说,融媒时代新闻传播舆论调控的原则主要有以下几个。

(一)党性原则

舆论作为社会意识的一种,无疑是有党性的。它为哪个阶级服务,就要具有哪个阶级的党性。当然,有些所谓的自由世界是连阶级也不承认的。但是,在人类社会,自从出现了劳动的剩余价值,就产生了阶级和阶级对立。有阶级对立的社会里,其新闻报道无论如何是有倾向性的。这是客观存在,不会因为承认不承认而改变。因此,党性原则既是无产阶级新闻工作的基本原则,也是新闻传播舆论调控的基本原则。党性原则的基本要求是,社会主义新闻工作必须按照党所规定的行为准则来进行新闻传播活动。在我国,新闻事业是党的事业的一个组成部分,新闻传播舆论调控只能是党性原则之下的新闻传播舆论调控。而且,新闻传播舆论调控只有坚持党性原则,才能确保舆论调控的正确性,才能正确地反映和引导舆论。

(二)科学性原则

新闻传播舆论调控的科学性原则是指新闻传播对舆论的调控必须以科学的方法论为指导,运用先进的科学技术手段,正确有效地发挥其效应。而新闻传播舆论调控要切实遵循科学性原则,必须要特别注意以下两个方面。

1. 对新闻传播的舆论调控与行政、法律等调控形式之间的关系进行正确认知

新闻传播对舆论的调控作为一种"软调控"，必须与行政、法律等"硬调控"相结合。但是，在社会调控体系中，新闻传播的舆论调控又具有相对独立性。它不是一种可有可无的"附属和陪衬"，在一定条件下，它可以发挥巨大的力量。而且，行政、法律调控的实施在一定程度上也必须借助于新闻舆论调控手段。

通过上面的论述可以知道，新闻传播的舆论调控与行政、法律等调控形式之间是相互配合、相辅相成的关系。

2.对新闻传播舆论调控经验进行继承与发扬

我党在长期革命斗争和建设实践中，积累了丰富的新闻传播舆论调控经验。而这些经验既是一种财富，也可能成为一种包袱。

我党的舆论调控理论和经验，是在一定历史条件下形成的，历史条件发展变化了，理论和实践也要发展变化。只有在继承和发扬我党新闻传播的舆论调控理论经验的同时，结合新的实践，不断地发展创新，并消化吸收国外理论和经验中的科学成分，才能保持新闻传播在舆论调控中的活力和优势，做到卓有成效。

(三)方向性原则

新闻传播对舆论实施调控，目的在于为社会的长期稳定和可持续发展服务。这种性质、目的和任务，决定着舆论调控必须服从和服务于国家政治的性质、目的和任务。在当前中国，坚持方向性原则，就是要在舆论调控过程中坚持正确的政治方向，维护国家的整体利益，为实现新时期建设小康社会的宏伟目标创造有利的舆论环境。

当前，我国面临着极其复杂的国内外形势。就国内形势来看，随着社会主义市场经济的发展和对外开放的扩大，社会经济成分、组织形式、就业方式、利益关系和分配方式日益多样化，人们的思想道德观念、价值取向在总体上发生积极变化的同时，不可避免地存在一些消极、模糊甚至错误的思想观点，存在世界观、人生观、价值观扭曲,道德失范的现象,各种非马克思主义的思想意识也有所滋长。就国外形势来看,世界并不太平,各种矛盾此起彼伏,战争依然绵绵不绝,当前与未来威胁我国安全的因素依然存在。

面对国内外如此复杂多变的形势,新闻传播对舆论的调控必须始终不渝地以巩固马克思主义在意识形态领域的指导地位,坚决维护国家的根本利益和社会的稳定发展作为最高原则。

(四)主动性原则

新闻传播对舆论的调控,其组织和实施是一个系统的动态发展过程,体现出上下协同一体,结构整体优化,层次简明有效,适时自我调整的要求,以最大限度地发挥舆论调控的效应。因此,新闻传播舆论调控必须遵循主动性原则。

人们在认识事物时,普遍存在着"先入为主""首因效应"和"重复效果"的心理现象。长期以来,我国的新闻媒体就是根据这些原理,积极利用各种形式和手段,从各个领域、各个层面对社会舆论进行调控,并且取得了相当的成功。历史经验告诉我们,只有充分认识到新闻传播对舆论的调控功能,自觉把新闻传播的舆论调控作为维护社会稳定和国家安全的重要途径,并且有组织、有计划、有步骤地在政治、经济、军事、文化、科技、意识形态领域主动实施,才能真正把主动权掌握在自己手里。反之,如果我们对现实缺乏敏感,犯"短视症""痴呆症""失语症",或者对社会缺乏责任感,对有关涉及社会稳定和发展的不良倾向和问题不予正视,消极回避,最终只能丧失新闻传播对舆论调控的主动权。

四、融媒时代新闻传播舆论调控的过程

科学认识新闻传播对舆论的调控过程,有助于在实践中把握规律,增强主动性和有效性。具体来说,融媒时代新闻传播舆论调控主要包括以下几个环节。

（一）选择、采集最新的社会舆论

新闻传播在对舆论进行调控时，首要一步是选择、采集最新事件、社会现象和社会问题所催生的社会舆论。通常来说，在某一最新事件、社会现象和社会问题发生后，会迅速地与公众头脑中的固有成见、知识结构等发生信息的"化合作用"。这种"化合作用"产生的能量继续推动信息的扩张并不断转化为动力，使对此发表意见、见解、看法成为公众的一种即时需要，在此过程中也伴随着各种各样的情绪和情感。由此，意见在公众中蔓延，相关的社会舆论开始形成。

需要指出的是，并不是所有的最新事件、现象或问题都能够催生社会舆论并使其持续发展，也并非所有的社会舆论都能被新闻传播主体所选择和采集。新闻传播主体所选择、采集的最新事件、现象或问题以及由此引发的社会舆论必须具备一定的条件，即这种事件、现象或问题的刺激能量以及由此引发的社会舆论的强度必须足够大。一般来说，刺激能量以及由此引发的社会舆论的强度足够大的事件、现象或问题，主要包括两个方面：一是对大部分公众的利益关系都有所涉及；二是具有足够的新异性。

（二）新闻传播对社会舆论进行整合与扩张

在选择好特定的事件、现象或问题之后，新闻传播主体就需要对其中所蕴含的社会舆论进行有效整合。一般而言，新闻传播对社会舆论的整合主要由以下两个阶段构成。

1. 认同沟通

所谓认同沟通，就是新闻传播在确立了社会舆论整合议程（也就是能够对社会舆论产生吸附作用，使之凝聚为某一具体舆论主体的事件、现象或问题）之后，必然要通过对这一议程的报道（包含叙述、解释和评价），将媒体的主导意见暗示给公众，并在此过程中劝服社会舆论向它靠拢，最终形成决定社会舆论方向的新闻舆论。

2.调整反馈

所谓调整反馈,就是在认同沟通环节中,公众个体未必都认同媒体的主导意见,可能会产生意见分化力量,背离主导意见。这时,社会舆论自身会做出调整,并将信息反馈到新闻媒体,从而提示新闻媒体进一步加强社会舆论的整合,强化主导意见的作用。社会舆论被整合之后形成的新闻舆论,又将通过新闻媒体的扩张功能,对社会舆论产生重要影响,并由此塑造公众头脑中的"自然"。公众头脑中的这种"自然"的形成,将引导社会舆论走向新闻传播对舆论实施调控的归点。

(三)社会舆论的趋同与稳定

新闻舆论形成之后,分散的社会舆论将在它的暗示和劝服之下逐步趋同。而随着新闻舆论与尚未趋同的社会舆论之间达到一定的比例,社会舆论便逐渐趋于稳定,出现所谓的舆论稳态。

需要特别指出的一点是,尽管新闻媒体对社会舆论的整合与扩张的结果不可能使社会舆论完全达到"一律",而总是或多或少地存在着"不同声音"(事实上的"舆论一律"①是不存在的),但这并不会影响舆论稳态的形成。舆论稳态的形成对于社会的稳定与发展的意义则是不言而喻的,这也正是新闻传播对舆论实施调控的最终归宿点。

第四节 融媒时代新闻传播舆论的监督

一、新闻传播舆论监督的内涵

舆论的本质是人民大众的意见,舆论监督的主体是人民大

---

① 舆论一律,是指不允许有不同意见。这是毛泽东在 1955 年提出的一个概念。

众。人民大众通过大众媒体表达自己的利益、愿望、意志、情绪，反映自己对职能部门、公务人员和社会生活的意见和批评，从而形成舆论，受到党和政府的重视和考虑，就是舆论监督。因此，舆论监督的本意是指人民群众对于各种权力组织及其工作人员，以及社会公众人物自由表达看法，从而对议论客体形成的一种客观的制约效果。这种监督是一种自在的、无形的精神力量，监督渠道多样，意见表达包括赞扬、批评两个方面。[①]

新闻传播舆论监督是舆论监督的一种特殊形式，是通过新闻媒介对公共权力运行中的偏差行为及其他不良社会现象进行批评和制约，促使其修正错误的舆论监督。同时，新闻传播舆论监督是诸多权力制约机制借以发挥作用的重要载体，更是权力制约机制中最体现民意、在民意中影响最大的社会制约力量。

二、融媒时代新闻传播舆论监督的原则

新闻传播舆论监督反映的是社会全体成员参政议政的愿望和行为以及社会的不断完善与进步，因此要正确把握以下几大原则。

（一）党性原则

坚持党性原则，就是要求新闻传播舆论监督要在政治上同党中央保持一致，自觉服从党和国家的整体利益，全面准确地宣传党的基本路线，遵守党的新闻工作政策和宣传纪律，坚持无产阶级新闻思想和喉舌论，坚定不移地做党和人民的喉舌；要以人民利益为出发点和归宿，坚持人民群众的根本利益，把自觉维护人民群众的利益作为新闻传播舆论监督工作的最高准则；要反对自由化的错误思想，不要让新闻媒介完全堕落为攻讦谩骂和政治恶斗。

---

① 陈岩烨.舆论监督与新闻侵权的矛盾和平衡[J].孝感学院学报，2008（S1）：14－16.

(二)真实原则

我国是无产阶级国家,我国的新闻工作属于无产阶级新闻工作,而真实原则正是无产阶级新闻工作不可动摇的根本原则。

客观事实是新闻的本源,新闻工作讲求真实,根据客观事实的本来面貌,反映事态真相。而新闻传播舆论监督是揭露、批评社会不良现象,更加需要实事求是地反映真实情况。真实是新闻传播舆论监督的力量所在,真实性使新闻传播舆论监督具有说服力、战斗力。要遵守真实原则,就是要求新闻传播舆论监督要讲求事实的真实,追求本质的真实,不能有错误,也不能含糊其辞、被人曲解。

(三)依法原则

新闻传播舆论监督要遵循依法原则,即不仅受法律保护,也受法律制约,具有双重性。

第一,为了确保舆论监督能够充分反映人民群众的利益和意志,我国法律对新闻传播舆论监督的地位进行了明确的规定。例如,《宪法》规定公民享有言论出版自由、享有参政议政权。

第二,新闻传播舆论监督必须在法律许可的范围内实施,不能超出法律轨道,不能侵犯公民和法人的合法权利,不能违背法律法规,不能自行其是、轻下结论,代替法律裁决,不能损害国家的、社会的、集体的利益。

(四)平等原则

平等是一种民主权利。在新闻传播舆论监督中,要遵守平等原则。遵循平等原则,就是要做到在监督的层次上,高层权力与低层权力平等地接受舆论监督;在监督的流程上,自上而下的监督与自下而上的监督平等;在评判标准上,被监督者与监督者平等地接受事实检验。具体如下。

第一,在监督流程上,人民群众有权通过新闻媒介监督领导者和政府机关的工作,有权对决策过程、权力执行情况等进行了解和监督,并反映自己的愿望、意见和要求;与此同时,领导者和政府机关可以通过新闻媒介公布决策过程,传达政策、精神,对社会问题和有关工作进行监督。这两个监督过程是平等的,不分高低,不论贵贱,亦无所谓大小。

第二,在监督层次上,高层权力与低层权力之间只有权限范围、工作性质之别,没有是否享有舆论监督豁免权之别,更无豁免权大小之别,平等地受到监督、制约。

第三,在评判标准上,原则上来说,舆论监督的生命在于真实,新闻媒介有权根据事实对被监督者进行监督,写出批评报道,被监督者有同等权利要求监督者实事求是。但是,我国还处在社会主义发展的初级阶段,事实上的不平等在一定时期内不可避免地存在着,要实现评判标准上的平等需要一个历史发展过程。

(五)正面为主原则

作为新闻工作的基本方针,以正面宣传为主这一原则不仅体现在新闻传播的舆论导向中,也体现在舆论监督中。在进行新闻传播舆论监督时遵循正面为主的原则,就是要求在进行新闻传播舆论监督时,要始终以正面报道为主,以反映我们社会的本质与主流,但同时要辅之以必要的新闻批评,对我们的权力机关及其工作人员进行舆论监督,要注意方法和时机,"量"要适度,要尽可能地将批评报道与正面报道有机结合起来。

三、融媒时代新闻传播舆论监督的特点

融媒时代,新闻传播舆论监督具有显著的特点,概括来说主要有以下几个。

(一)公开性

新闻传播舆论监督的载体是新闻媒介,方式是公开报道、公

开评论,主体是广大的社会公众,指向是与社会公众切身利益密切相关,因而也是他们最为关注的公共事务与公共权力,这使得新闻传播舆论监督具有极大的公开性。

(二)阶级性

新闻传播舆论监督是一定阶级、政党的思想宣传机器和政策宣传机器,它内在地反映着统治阶级的意志、立场和利益,属于意识形态的范畴。也就是说,新闻传播舆论监督固然是体现民意、反映社会公众的要求,但它所做的这一切并非是超阶级,不偏不倚的,而总是自觉不自觉地带有一定阶级的倾向,反映它们的意愿和立场。这就是新闻传播舆论监督的阶级性特点。

(三)人民性

新闻传播舆论监督的实质就是人民是否有权利充分反映自己的意见,是否有权利充分表达自己的不同看法。进而言之,就是表明人民是否充分享有言论自由的权利,这也是民主政治国家的一个重要标志。另外,新闻传播舆论监督在实施过程中,新闻媒体要责无旁贷地体现人民群众的意愿,发挥人民群众代言人的作用。所有这些都表明,新闻传播舆论监督具有人民性。

(四)专业性

新闻记者所接受的专业知识和技能训练,使他们的观察力更敏锐、思考能力更全面,由此而形成的结论也更能抓住事物的本质。相对于群众监督的自发性、法律监督的事后性来说,新闻传播舆论监督更具专业性,能取得更好的监督效果。

(五)及时性

无论是针对党政机关违法违纪行为的事后揭露,还是针对社会不良风气和有损公德现象的随时批评,都能够在很短的时间内发挥作用,这是由新闻媒介时效性强的特点决定的。

在印刷媒介和电子媒介日益发达的今天,几个小时以前甚至几分钟以前发生的新闻事件都能够传播给大众。在网络介入新闻传播之后,传播的范围更是空前扩展,传播的速度更是空前提高,大量的新闻事实几乎能够在发生的同时展示给大众,从而引起大众的广泛关注,形成社会舆论。在其影响下,新闻传播舆论监督也必然会呈现出及时性特点。

(六)广泛性

新闻传播舆论监督的对象和内容具有广泛性,因此新闻传播舆论监督也必然具有广泛性的特点。目前,我国已经形成了一个由大众传媒构建的巨大信息传播网络。显然,如果能够充分发挥这些大众传媒的监督功能,那么,人民监督就会容易得多,广泛得多。

(七)非强制性

社会监督分为强制性和非强制性两种。强制性监督是依靠社会强制力对社会实施监控、制约,如法律监督、行政监督等,它们是权力实体,自身被赋予了实质性权力,因而具有强制性和直接性。非强制性监督则是依靠思想观念、社会心理等非强制力进行制约,新闻传播舆论监督属于这一类。它以事实、意见、评论等形式,通过新闻媒介在社会上广泛传播,引起人们的普遍关注,形成对越轨行为的警示性、谴责性舆论,对越轨者造成一种心理压力,从而制约他们的行为。因此,新闻传播舆论监督具有非强制性的特点。

四、融媒时代新闻传播舆论监督的主体与客体

(一)融媒时代新闻传播舆论监督的主体

作为社会主义民主的重要组成部分,新闻传播舆论监督有着自己确定的主体,即人民群众,这是建立在唯物史观基础上的无

产阶级舆论监督观。

全体劳动人民是国家的主人,拥有管理国家和社会事务的民主权利,因而新闻事业是人民的事业,人民群众是新闻传播舆论监督的唯一主体,新闻传播舆论监督实质是人民的监督,是人民群众通过舆论机关依法对国家事务和与公众利益相关的社会事务的监督。在我国,作为新闻传播舆论监督主体的人民群众及其载体的新闻媒介的舆论监督权受到法律保障,与此同时,新闻工作者和新闻机构在监督和批评公民和法人时不能侵犯公民的合法权益,不能损害人民的根本利益。

(二)融媒时代新闻传播舆论监督的客体

新闻传播舆论监督的客体包括一切违背人民根本利益的权力行为和社会行为,具体来说,主要是以下几方面。

1.公共权力

公共权力是指国家各级立法、司法、行政机关及其工作人员。对此,我国《宪法》第 27 条有明确的规定:"一切国家机关和国家工作人员,必须依靠人民的支持,经常保持同人民的密切联系,倾听人民的意见和建议,接受人民的监督。"

国家机关和国家工作人员是人民权力的执行者,也是权力运行过程中的直接参与者,相对于普通民众来说,他们具有更大的权力范围,对社会的影响更大,因而对他们的权力行为进行矫偏,意义更大。对公共权力进行监督,主要监督他们的职务行为,但要注意分辨其社会行为甚至包括个人隐私是否影响公务,如果不影响,对其不影响公共事务的行为或隐私进行监督就可能会造成侵权。

2.公共人物

公共人物就是被公众所熟知、对社会事务有着频繁参与行为的人物。虽然他们不是掌权者,但是他们频繁参与社会活动,公共性很强,可以称得上公众的榜样,其言行会给公众带来直接的影响,或好或坏。这使得他们也成为新闻传播舆论监督的对象,消除他们对社会公众带来的消极影响也是新闻传播舆论监督的重要任务之一。

3.权力关系

作为权力运行的方式之一,权力关系决定着市场秩序的建立和社会资源的配置,自然也就成为新闻传播舆论监督的对象。

权力关系的突出表现是对社会资源的控制、分配,如社会福利制度、社会收入分配、国家公务员的产生等方面。目前我国的政治体制中存在着权力过分集中、人为因素过多的问题,影响权力的正常运行。对此,新闻传播舆论监督要促进行政立法、党政分开,规范权力关系,依靠党和人民的力量来制约、批判不正当的权力关系。

4.社会思潮

社会思潮是社会意识形态的表现形式之一,是一定的社会价值取向的表现,同时也对社会价值取向产生着直接的影响,因此,它也是新闻传播舆论监督的对象之一。

当前,我国正处在社会转型时期,社会思潮不稳定,容易滋生腐朽因素,因此,新闻传播舆论监督要及时揭露、批评资本主义、个人主义的价值导向,纠错纠偏,提倡科学,引导社会思潮走上健康发展之路。

五、融媒时代新闻传播舆论监督的重点

融媒时代,新闻传播舆论监督的范围广,责任重大,因此要抓住重点。在我国,随着社会由传统计划经济向现代市场经济转型,利益集团崛起并加盟权力,政治权力又介入经济生活和利益追逐,滋生了腐败。腐败直接威胁到人民民主权利的实现,因此,新闻传播舆论监督的重点就是反腐败。新闻传播舆论监督反腐

败工作应从以下两方面进行。

(一)揭露腐败现象

新闻传播舆论监督要加大反腐倡廉力度,重点揭露重要的腐败案件,揭露以权谋私、以职谋私、权钱交易的权力腐败现象,打击权力不正之风,并努力抑制、消除这些现象。新闻媒介揭露这类腐败现象,起着举一反三、杀一儆百的重要抑制作用。

(二)监视经济异常现象

新闻传播舆论监督要以高度的责任感和敏锐的眼光,监视经济运行中的异常现象,批评、剖析违背市场行为规则的谋利行为、犯规行为、违法行为,维护市场经济秩序和社会成员的正当利益。

六、融媒时代新闻传播舆论监督的方法

融媒时代,常用的新闻传播舆论监督的方法主要有以下几种。

(一)内参

所谓内参,就是对群众反映强烈、近时期内政府难以解决的难点,头绪复杂、利弊掺杂、一时难以判断性质、权衡利弊的问题,群众愿望或实际工作与政府政策不一致的矛盾性问题,有损党和政府整体形象的个别偶发事件,舆论监督遭到不法刁难、阻拦,稿件无法公开发表而又比较重要的问题,不采取公开报道方式,而是写成内参,为各级领导和有关部门提供信息、情报,促进问题的有效解决。它是新闻传播舆论监督中一种特殊而重要的方法。

内参属于"国家秘密",阅读的人就是关键性的领导,一些公开报道可能会引起较大社会负面效应但又不能拖不能避的问题,写成内参,如实反映给有关部门、领导人,能够有效避免造成难以控制的社会波动,并及时引起领导者、权力部门的重视,从而及时

疏导社会矛盾,这是很有必要的。

(二)受众来信

受众来信是社会公众通过来信反映对社会问题的意见、愿望、建议、要求等,主要包括反映社会矛盾和社会问题的来信、表达自己的愿望与要求的来信以及对政府工作提出建议的来信。作为民意的最直接、最具体的表达,受众来信也是一种常用而有效的舆论监督方法,因为社会公众是社会实践的主体,他们与社会生活最接近,对社会情况最了解,他们的来信所反映的矛盾和问题能够及时地反映社会热点和难点,是新闻媒介进行舆论监督的重要材料来源。

我国的新闻媒介一向重视民意、重视受众来信,新闻界设置了"读者信箱""观众热线"等途径,更便于民意的表达。在使用受众来信这一方法时,要注意分辨、综合人民群众的共同意见,找出其中最有价值、最具普遍意义的部分,对它们加以充分的重视和利用,从而有力地促进舆论监督工作。

(三)公开批评

在新闻媒介上进行公开批评,就是记者以敏锐的眼光,抓住有普遍意义的社会不良现象和社会偏差行为,进行直接揭露、批评,以批评报道打击丑恶,制约"越轨",起到舆论监督的作用。这是新闻传播舆论监督最直接和最常用的方法。

公开批评是一种比较激进的监督方式,将丑恶和错误直接昭示于天下,为众人所指,从而起到法律所起不到的独特威慑作用,使犯罪分子产生畏惧感,但它触动了被批评者及相关方面的利益,因此应特别注意运用恰当,要做到以下几方面。

第一,客观公正,实事求是,不隐恶,不虚美。

第二,遵循法律,在法律许可的范围内开展批评,切忌有意无意地侵犯他人的人身权利比如隐私权而惹上官司。

第三,通过客观事实的自然逻辑显现出鲜明的倾向性,但不能是主观情绪的宣泄。

第四，把握自己的社会角色，不要越俎代庖，记者是社会调查员、新闻报道者，没有司法权力、行政权力，在报道中要慎下结论。

七、融媒时代新闻传播舆论监督的实施举措

融媒时代，实施新闻传播舆论监督，就是要正确处理好若干矛盾、理顺若干关系，具体如下。

（一）正确处理必然性与偶然性的矛盾

新闻媒介是通过批评个别来实现舆论监督意图的，个别的选择和确定就是必然性和偶然性的对立统一。被监督者往往抓住偶然性作为拒绝批评的理由，而媒介回答对方的理由是抓住了必然性。因此，新闻传播舆论监督在处理主观意图和客观事实的矛盾关系时，舆论监督主体在确立舆论价值取向时，要准确定性，科学判断，客观公正。

（二）正确处理主体性和代表性的矛盾

首先，在实施舆论监督过程中，新闻媒体是舆论监督的价值主体，但是，在开展舆论监督时，新闻媒体（主体）又代表着社会舆论，代表着社会其他主体。新闻媒体的这种主体性与代表性的不对称，主要表现在两方面，第一，媒介的这种行为是代表社会说话的，或者是代表某一群体说话的，它才产生了强大的威力；第二，因为这种社会监督毕竟是通过新闻媒体来进行的，如果被监督的客体（对象）对此不予理睬，进行"反监督"（反诉），媒介就不仅要为作者提供的不准确的信息承担责任，还要为来源不准确的信息承担责任。[①] 因此，新闻媒体（舆论监督实施者）在舆论监督活动过程中，要正确处理好这种主体性与代表性的矛盾，尤其是在批

---

① 周俊杰.论舆论监督的价值特征及价值取向[J].声屏世界，2002(11)：10－12.

评报道中要始终坚持以事实为依据,以法律为准绳,尽量减少自己主体性的局限。

(三)正确处理主观性与客观性的矛盾

新闻媒体作为舆论监督的主体,在监督和批评个别现象与问题时难免会带有主观色彩,出现导向偏差,有可能会导致新闻失实。但是,新闻媒介要通过批评个别来实现舆论监督的意图,就必须受到个别事实的限制。因此,新闻传播舆论监督在处理主观意图和客观事实的矛盾关系时,舆论监督主体在确立舆论监督价值取向时,必须最大限度以事实为基础,客观地用事实说话,发挥正确的舆论导向作用。

(四)正确处理一般性与个别性的矛盾

新闻传播舆论监督主要着眼于普遍存在的一般性现象即普遍性的问题,但其对一般性问题或现象的监督与批评又不能采取泛泛而论的办法,而是通过监督和批评个别现象与问题来实现的。这种监督和批评的方式具有局限性,而且不完全公正,个别还承担一般的责任。因此,在舆论监督进行价值取舍,确立舆论价值取向时,一定要正确处理好个别与一般的问题,辩证地看问题,辩证地解决好矛盾,在报道的分寸上把握好度,避免对被批评对象造成过重伤害。

(五)理顺对事和对人的关系

新闻传播舆论监督多为对事不对人,即使对人,也是极少数的,所以绝对不能以执法者的角度去搞舆论监督,而是要实实在在地解决监督的客体问题。

(六)理顺事实依据与法律依据的关系

新闻传播舆论监督一定要十分注意将舆论监督的典型事实做到准确无误,也要注意典型事实的法律依据,切忌选择合情合理但不合法的事实。

(七)理顺批评与改进的关系

新闻传播舆论监督的目的是为了改进和推动工作,化解矛盾,因此不能凭感情,一味地只顾批评、揭露会影响长远工作。

(八)理顺新闻单位和党政部门的关系

新闻单位实施舆论监督要想取得良好的效果,必须得到领导机关的配合支持,形成合力。因此,监督主体要充分考虑和听取有关部门的意见和建议。

(九)理顺舆论监督和新闻纪律、职业道德的关系

新闻传播舆论监督必须遵守新闻纪律和职业道德,在舆论监督过程中不能有任何违背新闻纪律和职业道德的行为。

(十)理顺用事实说话和主观判断的关系

新闻传播舆论监督一定要用事实说话,在报道中尽量使用纯客观字眼,避免主观臆断,多使用现成可靠的材料和权威人士的观点说话。

(十一)理顺领导与群众的关系

虽然党和人民群众的根本利益是一致的,但是角度和要求的不同,导致领导在工作中对政策的理解执行产生不同,因此,在进行舆论监督时,监督的主体一定要谨慎处理这些不同点,认真分析,客观判断,慎重选择。

第八章　融媒时代新闻传播的新发展

目前,整合各种媒介的优点、以一种"全能型"媒介的形式来进行新闻生产的努力已现端倪,并正在越来越广泛、越来越深刻地影响着新闻实践,使新闻传播有了一定的新发展。

第一节　融媒时代新闻事业发展的新趋向

融媒时代,新闻事业的发展将表现出以下几大趋势。

一、从以传播者为中心走向以受众为中心

融媒时代,新闻事业将从以传播者为中心进行运作转向以受众为中心进行运作。具体来看,从以传播者为中心到以受众为中心主要包含以下三层含义。

(一)传播者角色的转化

新媒体的出现在很大程度上推动了新闻事业从计划经济向市场经济的转变,在这种社会大背景下,新闻媒介的强制化、权威化的特点逐渐减弱,服务特点逐渐加强。受这种大氛围的影响,曾经在计划经济时期以"组织者""宣传者""政府机构的分支"等角色自居的新闻传播者的角色也会发生转变,即从"发号施令"者向服务者转化。

（二）受众角色的转化

作为新闻传播的对应物，受众是新闻信息的接受者。在新媒体出现之前，各类新闻事业单位纷纷将受众当作随时会被信息"魔弹"击中的靶心，以传播者为中心选择不同的信息传递给受众，受众（这里的受众真正意义不是指受众个体，而是指接受订报计划的单位或者被组织读报的群体）无法自如选择。而在新媒体出现后，新闻信息是一种商品的这种观念逐渐深入人心，受众可以根据自己所需选择不同的新闻信息，在这种情况下，受众理所当然地被新闻媒介看作新闻信息的"消费者"，享有"消费"的各项权利，受众的角色也发生了转化。

（三）媒介风格的转化

随着新媒体的快速发展，为适应市场的需求，不少媒体在从以传播者为中心向以受众为中心转变的过程中，作为衔接传播者与受众的媒介新闻信息，随着传播者与受众的角色转化，其风格也发生了深刻的变化。具体来看，传统的新闻媒介大多是以宣传的面孔出现的，因而具有很强的宣传意味，而当其以受众为中心转变时，媒介就会为受众提供多种信息服务，其中不仅有严肃的政治新闻，也有娱乐、消遣等多方面的内容，而这一转变也会在很大程度上刺激新闻媒介形成多元化的风格。

二、从人治走向法治

融媒时代，新闻事业的制度架构将从人治走向法治，这是新闻事业发展的要求。具体来看，新闻事业从人治走向法治需要经历以下几个步骤。

（一）建立新闻法

在新媒体环境下，建立新闻法是新闻事业发展的内在需求。

针对我国新闻事业立法真空的问题,要实现新闻事业的法治需要建立新闻法。而这一认知随着新闻事业的发展越来越显得迫切。

(二)提升大众权利

建立新闻法只能从制度和秩序上对新闻事业进行规范,新闻事业的法治还需要进一步提升大众权利是新闻事业发展必须承担的社会责任,如保证受众的知晓权、新闻从业者的舆论监督权、新闻自由等,在发展新闻事业的同时,只有维护大众的这些权利,才能体现真正的法治思想。有鉴于此,未来的新闻事业的法治化还包括大众权利从重义务轻权利向权利义务并重的转变。

三、新闻媒体从单一媒体走向媒介融合

融媒时代,传统的单一的媒体联合或兼并已经不再适应市场的需求,因此近年来,几乎所有的新闻媒体都在向多媒体方向发展,而在这一发展过程中,省(市)级别以上的媒体基本上都是"报纸＋网络"或"广播电视＋网络"的模式。而在地(市)一级,报纸、广播、电视、网络正在逐步联合、兼并。据此可以推测,未来新闻媒体在运作上将由单一媒体向媒介融合发展。

四、新闻理论将纳入大众传播学的相关内容

融媒时代,随着经济体制的转轨和大众传播媒介作为独特的经济力量迅速崛起,新闻学面临的问题也越来越多、越来越复杂,而大众传播学的相关理论研究对新闻学的研究具有一定的参考借鉴价值,因此新闻学的发展与借鉴大众传播学的要求愈来愈紧迫。这两门学科的转化、整合,是新闻实践的呼唤,是一个总体的趋势。

五、从雅俗共赏发展为雅俗分赏

融媒时代，为吸引受众，更多的新闻事业将会以受众的兴趣作为重点，而这也会推动新闻事业从雅俗共赏向雅俗分赏发展。具体来看，新闻事业从雅俗共赏向雅俗分赏的发展包括两项内涵，其一是因受众兴趣的不同，新闻事业的受众从大众化向小众化方向发展；其二是因受众兴趣的不同，新闻媒介从单一性向多元性过渡。

六、从相对自由竞争向垄断竞争过渡

融媒时代，在未来的数年内，更多的新闻事业单位将会涌现，他们一方面会摆脱以往小规模、相对较自由的竞争状态，另一方面也会开启兼并浪潮。而这种发展趋势从实质上来看就是新闻事业在竞争上将会从相对自由竞争①走向垄断竞争②。

(一)从相对自由竞争向垄断竞争过渡的具体表现

从相对自由竞争向垄断竞争过渡的具体表现包括以下几方面。

第一，新闻传播事业的产业化发展，即新闻传播事业开始以集团的形式出现，大规模地传播信息，集中获取市场广告份额，盘活资本存量进行多项投资。例如，广州日报报业集团为适应市场，兼并了《足球报》《广州文摘报》《广州英文早报》《广州商报》《交通旅游报》《广州日报电子版》《新现代画报》《岭南少年报》《现代育儿报》《老人报》等报刊，扩大了广州日报报业集团的实力。

---

① 这种竞争形势下，新闻传播事业具有数量多、规模小、形式单一、过多地依赖行政或行业的特点。

② 这种竞争形势下，新闻传播事业会摈弃市场低级状态的粗放特点，而代之以集中优势媒体，创造更高级的媒体形式——集团形式。

第二，部分新闻传播事业开始进行跨地区兼并，从而打破了新闻媒介传统的条块设置的格局，使新闻成为流通的商品，报纸可以跨地区发行销售。

第三，为应对多种新媒体的威胁，各类传统新闻传播媒体开始进行同行业的集中和兼并，从而促使了行业联合现象的出现，这种模式在很大程度上增强了传统新闻传播媒体的竞争力。

第四，部分具有经济实力的新闻事业单位开始进行跨行业联合，以应付激烈的市场竞争。

(二)从相对自由竞争向垄断竞争过渡对现实的影响

新闻事业从相对自由竞争走向垄断竞争使新闻媒介从松散走向了集中，对新闻事业产生了重要影响。

第一，垄断竞争的出现有助于新闻媒介以其雄厚的实力走向世界，并有效地和国外媒体展开竞争。我国在加入WTO之后，与国外各项事业的接触越来越密切，仅就新闻事业而言，随着"中国WTO保护期"的即将结束，越来越多的国外新闻事业单位涌入中国与中国的新闻事业竞争。因此，可以预见中国媒介参与国际竞争已势在必行。而垄断竞争的出现有助于我国优秀的新闻媒介联合起来，以雄厚的实力与国外媒介竞争。

第二，垄断竞争的出现有利于媒介从无序竞争逐步走向有序竞争。在相对自由竞争的格局下，新闻媒介竞争一般是过度竞争、恶性竞争、无序竞争，这种"滥""散"的媒介结构致使新闻事业内部定指标、搞奖惩；新闻事业外部则拉关系、送版面、给回扣，有些已到不择手段的地步。而在垄断竞争格局下，新闻事业集团的出现使得新闻受众市场被划分成一些较稳定、固定的区域，有利于建立较为规范的市场竞争。

第三，垄断竞争的出现对媒介结构产生了巨大的影响。在新媒体环境下，原本存在的新闻媒介重复建设现象成为新闻事业发展的拦路虎，它不仅占据了整个媒体生存空间，而且也不利于新闻传播效果的提升。而在垄断竞争格局下，新闻媒介为了不断向前发展,会采取吸收、兼并小的新闻媒介,以壮大自身力量的做法,这使得新闻事业领域的新闻传播集团大量衍生,从而对新闻媒介的结构产生影响。

第二节 融媒时代的新闻价值探析

一、新闻价值的内涵

(一)新闻价值的概念

从价值概念的本来含义出发,从客观存在的外界物与满足人们需要的关系中去理解,可以对新闻价值做出如下的定义:新闻价值是新闻满足受众认知客观现实变动情况的需要的属性。[①] 在理解新闻价值的这一定义时,需要了解两方面的内容,首先,新闻价值是在传播过程中产生的一个概念,它表示的是新闻这一客体与受众这一主体之间的关系,而不是事实与受众之间的关系。因为事实只有经过媒体的报道转化为新闻以后,才能为受众所感知,才与受众发生关系。其次,新闻价值仅仅是新闻满足受众认知客观现实变动情况的需要的价值。新闻价值所表述的,并不是新闻可能具有的种种价值的总和,只是新闻满足受众认知客观现实变动情况的需要这一方面的价值。

(二)新闻价值的要素

新闻价值是在新闻传播实践活动中形成的概念,对于其具体包含了哪些要素,学者们目前尚未有统一的观点,比较流行的是"五要素"说——重要性、时新性、接近性、显著性和趣味性。

---

① 董天策.网络新闻传播学[M].3版.福州:福建人民出版社,2009:79.

1.重要性

重要性是指新闻对于人们切身利益以及社会生活有较大影响的性质。衡量一则新闻是否重要,主要从两个方面考虑:一是新闻事件对人类社会产生的利害关系,关系越密切,就越重要;二是新闻事件对社会生活造成的影响程度,影响越深远,就越重要。

2.时新性

时新性是指新闻在时间上要有新鲜性,一方面事实必须新鲜,另一方面,新闻报道必须及时。从新闻传播的过程来看,新闻的新鲜性主要是以报道的及时性体现出来的。新闻工作者应该尽可能地用快的速度对发生的事实做出报道,报道的时间同事实发生时间之间的差距越小,新闻就越新鲜,新闻价值就越能得到更加充分的体现。因此,新闻的时新性也可以直接称为"及时性"。①

3.接近性

接近性是指新闻与受众在空间距离或者心理距离上的接近程度,距离越近,就越有新闻价值。

4.显著性

显著性是指新闻中的人物、地点、事件的突出性或者知名度,越是突出的人物、地点和事件,就越有新闻价值。例如,生老病死是再普通不过的事情,普通人当然很难上新闻,但如果是名人的生老病死,往往会成为大家关注的焦点,如英国戴安娜王妃死于车祸,就震惊了全世界,世界各国媒体都争相报道。

5.趣味性

趣味性是指新闻富有趣味、戏剧性、人情味的性质。一般说

---

① 成美,童兵.新闻理论教程[M].北京:中国人民大学出版社,1993:53.

来,社会新闻、奇闻趣事、人物命运、感人事迹等,主要以趣味性取胜。趣味性越突出,就越有新闻价值。

在新闻价值五要素中,时新性是基本前提,只有具备了时新性,才可以去考虑重要性、接近性、显著性和趣味性。

(三)新闻价值取向的多样性

新闻价值判断的相对性表明:在新闻传播过程中,新闻记者总是在特定的社会历史条件下,从当前的社会现实和意识形态出发,根据自己所服务的媒体以及该媒体的受众需要来进行新闻价值判断,从而决定新闻的取舍。因此,新闻价值判断在取向上必然呈现出多样性的特点。要把握新闻价值取向的多样性,最好的办法就是了解历史上出现过的新闻价值观。在中外新闻传播史上,引人注目的新闻价值观主要有以下几种。

1.反常论

1882 年,《纽约太阳报》采编部主任约翰·B.博加特在回答一个青年记者的问题时说:"狗咬人不是新闻,人咬狗才是新闻。"这句话在中外新闻学界都曾被作为新闻的通俗定义而广为流传。其实,博加特的"人咬狗"论并非是对新闻下定义,而是在对新闻进行价值判断。他所强调的是,只有反常的事实或事件才是最有价值的新闻。

反常论的新闻价值取向,认为离奇、异常、失去常态的新闻才是好新闻,才能激发读者的兴趣,才应当加以报道。这种新闻价值观是资产阶级大众化报纸发展过程中形成的一种价值取向。

美国有学者认为,新闻是关于突破事物正常轨道或出乎预料的事情的情况,这是经过时间检验并一直坚持下来的一般原则。由此可见,反常论的新闻价值观在西方不仅深入人心,而且一直是资产阶级商业化报纸的一种价值取向。

2."黄色新闻"论

黄色新闻是指渲染凶杀、色情、犯罪等刺激性内容的新闻报道。"黄色新闻"这一概念最早出现在美国新闻史上,源自19世纪末美国两位著名报业大亨威廉·赫斯特与约瑟夫·普利策的报业竞争,赫斯特被称为"黄色新闻大王"。人们过去和现在一致的看法是,黄色新闻是最没有新闻价值和思想灵魂的新闻。1895年,赫斯特收购《纽约新闻报》同普利策的《世界报》展开竞争。在赫斯特进入纽约新闻界之前,普利策的《世界报》以严肃的报道言论结合煽情主义策略,取得了巨大的成功。赫斯特为在竞争中迅速取得优势,将美国便士报时代的煽情主义传统发挥到极致。他以金钱购买新闻,大量报道犯罪新闻与社会丑闻,大量使用触目惊心的新闻图片,并煽动贫苦人群发动民权运动。为了在竞争中击败对手,赫斯特用重金把《世界报》星期日版的全班人马挖至《纽约新闻报》,其中包括著名专栏画家理查·奥特考特,把他在《世界报》的著名漫画专栏"黄孩子"也移至《纽约新闻报》。"黄孩子"是奥特考特所创作的著名连环画系列,主人公是一个仅有几根头发、没有牙齿的小孩,他穿着一件又长又大的黄色衣服,到处游荡,发表观感,在当时的纽约很受欢迎。"黄色新闻"之名,就取自这个"黄孩子"。

"黄孩子"被《纽约新闻报》挖走后,普利策十分恼火。他另聘画家乔治·拉克斯在《世界报》续画"黄孩子",造成当地报刊上同时出现两个"黄孩子",并将赫斯特告上法庭。这场争夺"黄孩子"的战争在全纽约引起轰动,两报则借人们对此事的关注,大肆策划刺激性报道,争夺受众。《纽约客》著名记者华德曼把两报的新闻报道风格戏称为"黄色新闻",这个名称很快被人们所接受,并且沿用至今。

黄色新闻的价值取向,实际上是对趣味性要素所涉及的人情、人性的片面强调。在有识之士看来,黄色新闻从最坏情况来说,是一种没有灵魂的新式新闻。"黄色新闻"的煽情主义报道与宣传,大大降低了新闻事业的水准,践踏了新闻界一贯奉行的最高准则,严重破坏了新闻的真实性原则。在追求利润、追求发行目标时,媒体和传媒人将报刊使命、社会公正置之度外,严重背离传媒责任和传媒业的优良传统。黄色报纸的煽情报道、犯罪报道和耸人听闻的宣传,没有新闻价值,毒化了社会生活和社会生态,毒害了大众的心灵。黄色报纸以哗众取宠、耸人听闻的报道转移了普通民众对切身利益的关注,削弱了他们的斗志,这只对资产阶级统治有利。

3.法西斯新闻价值观

注重反常事件和黄色新闻是资产阶级商业化报刊实践中产生的两种价值取向。而法西斯新闻价值观,则是报刊被作为法西斯政治宣传工具的产物。第一次世界大战以后,意大利和德国出现了法西斯主义。在意大利的墨索里尼、德国的希特勒等法西斯主义头子手中,报刊成了推行法西斯政治的工具。因此,只要法西斯的政治需要,法西斯报刊就不惜虚构、捏造新闻报道。所谓"新闻就是政治性本身",就成为法西斯新闻价值观的核心。

在 20 世纪 20 年代末至 40 年代初,法西斯新闻价值观在若干国家红极一时。随着世界各国人民反法西斯战争的胜利,法西斯新闻价值观被迅速埋葬。不过,其阴魂也曾在我国出现。在文化大革命时期,江青反党集团就别有用心地提出了"事实为政治服务"的谬论。这与法西斯的"新闻就是政治性本身"如出一辙。实际上,法西斯的新闻价值观是以宣传取代新闻,以所谓"合理的谣言"取代新闻,在本质上是一种反新闻价值的观念。因为新闻是报道新近发生或正在发生的事实的信息,首先必须真实,取消了事实并以法西斯的政治来冒充事实,无异于抽掉了新闻与新闻价值所安身立命之基础,新闻也就不复存在。[①]

4.新闻有利论或正面宣传论

我国报刊以马克思主义为指导,以为人民服务为宗旨,历来强调新闻报道要对人民有利、对社会主义有利。其新闻价值观的

---

① 黄旦.新闻传播学[M].杭州:杭州大学出版社,1995:177.

核心,是对新闻有利性的强调。我们的新闻报道,不可能并且也没必要包括每一个人和每一件事,而只能根据一定的目的、一定的原则去进行报道。人民新闻学的基本原则,是以最大多数人民的利益为依归,对此有利者多报道,对此利少者少报道,对此无益甚至有害者不报道,反对所谓的"有闻必录"。

对新闻报道有利性的强调,意味着宣传者对宣传意图和宣传效果的重视,意味着把教育、引导人民摆在首位。新闻报道把群众的兴趣、群众的精神引导到一个比较适合于群众自己利益的方向去,力求使群众的觉悟性不断地因为我们的报道工作而提高,而不是继续保持在那个水平上甚至降低。

新闻有利论或正面宣传论的新闻价值观,是一种把新闻的宣传价值和新闻价值有机结合起来的新闻价值取向。一方面,宣传价值的实现建立在新闻价值的基础之上;另一方面,宣传价值又制约、统率着新闻价值。

(四)新闻价值判断的相对性

1.新闻价值判断的主观性与相对性

从根本上说,新闻价值判断是对新闻是否满足以及在多大程度上满足受众认知客观现实变动情况的需要的一种主观认定。因此,新闻价值判断具有强烈的主观性。

在新闻价值判断过程中,作为理论抽象的价值要素具有稳定性,但是价值要素的具体内涵却是相对的,是在不断发生变化的。事实上,每一个价值要素都是一个相对的可变量。造成新闻价值判断相对性的原因,主要有两个方面:第一,新闻传播的社会历史条件对新闻价值判断具有极大的制约作用。第二,在新闻传播过程中,媒体的不同和受众的需要对新闻价值判断产生着不可忽视的制约作用。媒体的不同,包含了以下几方面的内涵。

第一,不同的媒体种类。报纸、广播、电视、网络等不同类型的媒体,由于所凭借的传播技术手段不同,会使新闻价值判断产生相应的变化。

第二,不同的媒体定位。受众的需要也使新闻价值判断成为一个相对的变量。首先,不同的受众存在着不同的新闻需要。其次,相同的受众在不同的情境下还会产生不同的新闻需要。

第三,不同的媒体性质。西方有高级报纸与通俗报纸之别,我国有党报与晚报、都市报之分,中外都有综合性报纸与专业性报纸之别,这些不同性质的媒体在新闻价值判断上往往存在着较大的差异。

2.新闻传播过程中的新闻价值判断

既然新闻价值本身是客观的,但是在新闻价值的指导下,不同的媒体所报道出来的新闻却是各不相同的。这就需要引入一个与新闻价值密切相关而又存在着本质区别的概念——新闻价值判断。在新闻传播过程中,价值主体对于新闻是否具有新闻价值以及多大新闻价值的判断,就是新闻价值判断。

受众对新闻价值的判断,只能建立在新闻工作者已经完成了新闻报道并将其在媒体上刊播出来的基础上,只能是受众在阅读(或收听、收视)新闻报道的时候才能发生。因此,新闻工作者在从事新闻报道的时候,必须对新闻价值做出准确的判断,才能充分满足受众对新闻的需要。

新闻工作者对新闻价值的判断是一种预测性判断。每天新发生、新变动的事实纷至沓来,无穷无尽。新闻工作者不可能先去征求受众的意见再来做出报道,只能对众多新闻的新闻价值做出迅速的判断,从而进行新闻报道。

在新闻传播过程中,存在着两种新闻价值判断:一种是新闻工作者对新闻价值的预测性判断,一种是受众对新闻价值的评价性判断。有学者把预测性判断称为"初级新闻价值评价",而把评价性判断称为"终极新闻价值评价",合称"二级评价模式"。并强调指出,初级评价只是为新闻价值的实现提供了可能,而终极评价则是对新闻价值有无、多少的最后确认,是新闻传播者所提供的可能最终能否成为现实的根本鉴定。①

从新闻价值的本义来看,这个强调无疑是正确的,对于引导新闻工作者高度重视受众对新闻传播的反馈意见、不断改进新闻传播工作有深刻的现实意义。但是,新闻价值的评价性判断只能建立在预测性判断的基础之上。没有准确的预测性判断,新闻价值的实现也就无从谈起。在这个意义上,新闻价值的预测性判断才是根本,没有这个根本,评价性判断就会成为空中楼阁。在新闻传播过程中,尽管受众十分重要,甚至处于中心地位,但发挥主导作用的毕竟还是新闻工作者。新闻工作者对新闻价值的预测性判断是否准确,直接关系到新闻价值能否实现,关系到新闻传播活动的成败得失。本节接下来所说的新闻价值判断,都是指新闻工作者对新闻价值的预测性判断。

二、融媒时代新闻价值的挖掘与实现

(一)融媒时代新闻实效性价值的挖掘与实现

时效性是新闻价值的首要因素,新闻的可贵之处就在于它的"新"。从传统媒体时代乃至新闻诞生的那一天开始,抢时效就是新闻工作者最常见的事,新闻媒体报选题、审稿件、做报道也以最基本的时效性为其衡量标准。随着融合媒体时代的来临,新闻报道从一纸化平面报道以及几种几乎脱离关系、以各自形式独立存在的报道发展成为内容整合、形式丰富、成体系、内在联系逐步优化的融合报道。融合报道拓展了新闻形成方式的可能性,这使得新闻产品面临更大时效性的挑战,同时又给予新闻报道一种更高时效性的可能。

1.新闻工作者获取第一手新闻信息的时间缩短

融媒时代的新闻工作者不再是绝对意义上的"等候电话"的

---

① 黄旦.新闻传播学[M].杭州:杭州大学出版社,1995:168－170.

人,靠体力拼时效的做法也随着新媒体平台的搭建被逐渐削减,跨媒体环境下宽广信息渠道的搭建和受众自主性的提高,让新闻工作者的主动性也随之进一步提升。① 在融媒时代,新闻工作者获得近乎全方位的信息刺激,这一方面是由于社会传播大环境下的传播特征,另一方面来自其个人的社交媒体信息推送,这就避免了事件发生后由于闭塞周转,信息不能及时传递到记者那里的局面,也同时使记者不用事必躬亲地去求证,有效提高了新闻信息获取环节的时效性。具体来说,融媒时代进行融合报道而提升的时效性体现在以下两个方面。

(1)获取的信息充当新闻素材

记者可直接把获取的信息作为新闻素材,充实到自己的报道中去,使既有的报道形式更加完整,内在逻辑也得以延续,最关键的就是,节约了记者亲力亲为的时间,这些素材就是现成的有效资源。

素材是指基于自媒体或者其余媒体对于某事件或者新闻已经有过调查、整合的较详细的信息,或者是融合媒体中既已产生的那些与自己报道主题相关联的多媒体资料。这实质上是新闻工作者通过更加广阔的新媒体信息平台完成了"到不能到之地,历不能历之事",获取第一手的素材资料,并且运用到自己的融合报道中去,再以形式丰富的跨媒体报道呈现出来,即信息在新媒体之间的有效转移。一般来说,最先知道突发事件消息的人一定是在现场的人,而不是任何新闻机构。新闻工作者可以利用这一点,基于新媒体平台,共享这些当事人发出的信息资源,将其用到报道中。由此结余出更多时间,可以更有效地进行已有素材的优化组合,呈现形式丰富多样且深入的跟进报道,新闻报道的时效性因此大大提高。

(2)相对高效地获得新闻话题

新闻工作者还可以通过舆论观察获得话题,即新闻的由头。

---

① 雷蔚真.跨媒体新闻传播理论与实务[M].北京:中国人民大学出版社,2012:153.

记者在获取有效由头后进而组织展开采访。

在传统报道环境下,记者获取新闻由头的渠道相对单一,信息由头在传播到记者那里途中经历的时间也相对较长,信息辗转、丢失较多,清晰度降低,许多记者在获取报道主题后仍不能清楚地开展工作,准确进行有效行动又是再下一步的事了。

而融媒时代的融合报道具有明显的不同。这些通过新媒体手段获取的信息由头使后续的报道拥有更明确的指向性和目标感,报道效率得以提高,借助新媒体平台本身完成对信息由头的确定和拓展也同样提高了新闻的时效性。还应该注意的是,越来越多具有新闻价值的信息由头更容易在新媒体上涌现,更多的新闻将被挖掘,原来许多根本不可能被曝光的事件现在也有了时效性一说。

2.融合报道环境下的新闻加工环节与时效性

受众看到的生产加工完成的新闻产品,以前是一份黑白报纸,或一档电视节目,而现在就是一个融合了视频、图片、文字、超链接、用户体验等众多形式的多媒体新闻平台。从新闻工作者那里获取到相对零散的、罗列状的信息,到以这些信息为基准加工成为具有一定产品性和推广性的新闻,其间存在一个复杂的过程。较之传统媒体时代,融合报道除了在获取信息,寻找规律主题,提炼信息之外,一改以往单向输出的最终模式,不仅在最终加工的成品形式上是多向度组合的,甚至连获取的信息也都是多媒体化的,更多形式的信息组合带来了更大的时效性挑战,对新闻加工环节提出了更高要求。同时,以往的传统纸媒让文字记者承受着最大的压力,文字作为主力军充当了大多数信息的出口。而现在的视频、图片、文字等众多"出口"并驾齐驱,迎合了用户对一种直观与深度并存的新闻报道的需求。融合报道由于这种加工重心的分散,减轻了某些高压"出口"的压力,均衡了各种形式的输出,在一个融合报道团队里,单位时间里将生产出更丰富、更全面的新闻产品,新闻时效性在这个意义上得以提高。对于新闻加工环节的时效性问题,我们将其分为个人跨媒体加工、团队跨媒体加工两类情况进行讨论。

(1)个人跨媒体加工的时效问题

个人跨媒体加工的融合报道新闻要求一个新闻工作者承担起采访、整合图片、文字、视频,甚至更多技术平台的新闻报道任务,西方新闻媒介里的融合新闻在个体层面的标志是那些掌握了多种媒介技能的全能记者,这些人在美国还有"背包记者"等多种称号,他们掌握了全面的多媒体技能,能够为多种不同媒体提供新闻作品。

(2)团队跨媒体加工的时效问题

一般意义上讲,在追求新闻时效性的过程中,团队跨媒体加工无疑具有更大的优势。相比一个人要完成众多形式的融合报道,一个团队分工协作可以在单位时间里完成好几样作品,与个人跨媒体中对于时效性阶段性的追求不同,团队跨媒体加工往往是先做出各种形式的报道然后再整合发布,这是团队跨媒体加工分工化有效利用了时间的最好体现。

3. 信息发布者将更加及时获取有效反馈,促使新的新闻推进、完整

"反馈"一直是媒体机构十分重视,却由于传统报道里种种客观的条件缺乏而始终未能得到有效开展的一个环节。可以说,受众希望反馈自己接收信息后产生的想法,媒体也希望获得受众的有效反馈进而改善报道,但是在传统报道里,新闻产品发布的平台(报纸、电视、广播等)往往与受众反馈的平台脱离,受众只能观感报纸、电视上的新闻,却不知道怎样对媒体机构或新闻事件本身进行有效评论、反馈,于是更多的反馈变成了自言自语、茶余饭后的闲扯唠叨,或小范围的浅谈辄止。有效的反馈不能作用于后续新闻的推进上,也不能到达信息发布者那里,许多有价值的、将会推动事件新闻进一步发展的反馈要么干脆就无法传递,要么就是需要繁杂的程序才能到达。

反馈环节的弱化,导致传统报道中呈现出单线型的报道模

式,从发布者到受众,新闻报道承载信息在单向传递中完成了使命。融合报道背景下,受众的反馈环节得到空前加强,反馈的意义已不在于对新闻的细枝末节的补充和"画上句号",而是更加直接地作用于事件新闻本身,成为双向传播逆向的"起点",往往在反馈中产生有价值的新线索,在反馈中深入了报道,甚至在反馈中开启了新的报道。

关键是,这种有效反馈以更加迅捷的速度得以呈现,它携带的信息也更具时效性地得以传递。作为融合新闻报道的日趋重要的一个环节,它的及时化无疑带动了新闻报道整体时效性的提高。

4.新闻产品承载新闻信息在传播过程中更加快捷,正在实现即时传播

传统纸媒具有相对固定的发行时间要求,今天发生的事情,见报就得明天,许多突发事件和重要事件,即便我们在当时听说了或者经历了,需要得到这个事件全貌性的报道,也必须等待明天的报纸。在这一点上,电视媒体虽然比传统纸媒做得稍好,但碍于新闻节目录制的需要,新闻信息的传播往往也是等待严格无误的节目录制审核完成之后才能发布。也就是说,传统报道的弹性不高,事件发生后并不能立刻就通过报纸、电视进行发布。

融媒时代融合报道的诞生和发展赋予信息传播一种新的可能。基于更快、更新的传播技术平台,加之受众自主性的提高,受众与媒体拥有了更全面的互动,甚至受众自己也充当着传播源,信息的传播呈现即时化的状态。很少能有新闻再需要"被等待",融合新闻的传播过程进一步提高了时效性。

(二)融媒时代新闻显著性价值的挖掘与实现

融合媒体环境对"新闻显著性价值"的改变首先体现在显著性外延的扩展上。简而言之,融合媒体环境所带来的新的社交平台及广泛应用的自媒体工具,拓宽了名人报道的渠道。这种扩宽不仅体现在原有的机构媒体能更便捷、更多方位地报道名人新闻,还体现在名人有了私人化的发声渠道,能随时随地进行"自我

报道"。融合媒体环境使传统的新闻显著性有了更多的实现空间和呈现形式,显著性的外延被大大拓展。

1. 名人报道发生变化

新闻更重视"名人的声音",在新兴的社交媒体中有非常明显的体现,如新浪、腾讯、网易等各大微博都在争夺"名人资源",用各种优惠和服务吸引各界名人使用其微博。新闻的显著性价值在融合媒体环境中的变化,不仅仅体现在机构媒体层面。自媒体这种具有革命性意义的传播工具,开始成为名人拥有的私人"独立发声器"。微博、SNS网站等形式的自媒体平台,相对于通过传统媒体发表言论,有着更多的优势。独立、便捷、低成本、实时性、全时性、和粉丝之间强大的交互性,等等,这一系列的特点,都让自媒体成为名人的新宠。在新媒体的环境中,各类社交网络平台的出现,使得名人获得了一个既能有效扩大影响力又能保有极大自主性的发声渠道。能够发布文字、图片、视频等各种形式信息的自媒体,一定程度上增强了名人的舆论"独立性",减少了对媒体机构的依赖,拥有了更多样化的新闻曝光渠道。这种形势的变化,对于新闻工作者的影响未必就完全是负面的。挑战中还蕴藏着巨大的机遇。

首先,自媒体不只是名人的"专利"。名人中本来就包括一些知名的记者、编辑、主持人、评论家。也就是说,传媒人本身也可以借助自媒体等新兴传播媒介来扩大舆论影响力。比如,写有《北京出租车业垄断黑幕》等著名调查性报道、被业界称为"中国的林肯·斯蒂芬斯"的王克勤,就非常重视个人微博的应用。他坦言,微博已经成为他报道的一大利器,他本人通过这一自媒体平台,方便快捷地发布最新的新闻事实。同时,他还通过微博做公益宣传,发布了很多关于公益性组织"大爱清尘"的新闻资讯,呼吁更多人关注中国尘肺病人的生存境况。

其次,名人使用个人化媒体,除了名人自身炒作、宣传自身的影响外,对于专业媒体机构来讲,这也是一个获取有分量的新闻由头的渠道。许多媒体工作者浸淫在社交媒体里关注名人动态，敏锐捕捉他们身边的新闻，名人身份加之其自我炒作的需要也就决定了新闻的显著性价值。

名人在使用社交媒体的同时，其实也为传媒机构和新闻人提供了很多联系名人并与之进行互动交流的新渠道。很多新闻事实和资讯，其实就可以直接从名人的日常微博中发现，或是通过微博对名人进行采访，又或者从名人的微博直接获取其观点。

名人自媒体对于新闻媒体而言其实有着巨大的创新空间。截至目前，不少基于名人自媒体的新闻报道新形式已经开始涌现。譬如，越来越多的报纸、杂志开始增加"微博言论"或类似的板块，用以摘录最近微博平台上很多名人、专家对社会问题、新闻事件的解读。

2.草根新闻的价值挖掘

在这样一个融合媒体环境的新时期，传统新闻价值中显著性的内涵发生了微妙的变化，它不再局限于当事人的知名度和显赫性。草根身上的故事，不管是本身反常、新奇，还是折射时代焦点，都可能产生巨大的新闻传播能量。同时，并不知名的普通民众，随时有可能通过自媒体等方式，瞬间成为显著性很高的新闻人物。

草根新闻的产生发展，是两方面趋势共同推动的：一是需求层面，即人们对草根新闻的认同和需求的增长；二是生产层面，即媒体加大报道和草根们自产新闻能力的获得。一方面，草根新闻虽然是草根的新闻，但是却往往折射、反映出时代的共同课题、民众的普遍关切。也就是说，新闻事件的当事人虽然不"显著"，事件本身也可能很微小，但这位当事人遇到的人生境遇却是大家普遍关注的，"小事件"本身反映着时代的"大格局"。"以小见大"赋予了草根新闻独特的传播价值。另一方面，草根文化在思想解放、意识革命、科技进步、市场经济发展的时代背景下获得了很好的发酵土壤，也改变了"新闻是名人（特别是政治家、领导人）的新闻"这一传统观念。互联网等因素促成的信息爆炸和非权威信息的增多,让人们接受并习惯一些"去名人化"的新闻。从心理学角度看,比之名人新闻,受众看这类新闻会更有心理上的接近性,对大众而言,草根新闻具有独特的亲和力。

再加上 UGC 时代的到来和公民记者的出现,让草根拥有了自我发声的能力。具有拍照、拍视频和上网等功能的手机的普及,让一大批人都拥有了报道自己和身边事件的可能。微博、SNS 等社交媒体用户的增加,则提供这类草根新闻爆炸式传播的具体途径。当然,传统门户网站、视频共享网站等也是发布草根新闻的有效平台。在草根新闻的生产大军中,还出现了传统媒体的身影。由于报道理念的革新,报纸杂志也开始更多地报道普通个体的新闻。可以说,目前草根新闻的生产量是空前的。

面对这些变化,新闻工作者似乎已经不能再仅仅重视传统的名人、权威、专家的采访报道,还需要挖掘"平凡人的故事",采用"微内容,大格局"的报道方法,深度展示社会真相。另外,今天的新闻工作者还需要重视那些出身草根的舆论领袖的动态和观点,因为他们往往也有很强的传播能力。专业的记者和传媒机构甚至可以尝试与草根合作,实现优势互补。

(三)融媒时代新闻接近性价值的挖掘与实现

新闻的接近性作为新闻价值评判的标准之一,标示着新闻报道和受众的距离,和读者关联更加密切的新闻报道将受到更多的关注,进而具有更高的新闻价值。新闻工作者要努力做的,就是要拉近自身与受众之间的距离。

1.融合报道在基于个人基础上拓展出个人化新闻

(1)融合报道基于新媒体互动背景产生定制化新闻信息

定制化新闻,成为融媒时代的一大新闻发展潮流。定制化新闻最大限度地被受众的灵感带动,受众想看什么就选择什么,那么其主动选择的内容一定是与受众自身的心理活动有密切关联的。

定制化新闻的"定制"更多是技术层面上的依赖,基于互联网传播的关键词搜索使其成为可能,这与依托于互联网动力的融合报道产生了紧密的关联。

(2)融合报道基于社交媒体提供私人化的内容

融媒时代,受众的关注点在新媒体环境下超越了地域的束缚,并不是离得越近就一定引人注意,相对更虚拟的人际关系网越来越成为新的关注范围,加之现代人物理空间移动的迅捷化,于是更多的媒体将重心放在了相对固定的人际关系空间上,以获取和受众的某种亲近感。

基于社交网络的新闻报道很大程度上适应了这个趋势。由于大多数的社交媒体都是融合信息的发布平台,融合各种形式的信息可以直接在平台上发布传播。

顺应受众社交媒体化的趋势,专业的媒体机构也在有意识地向这方面靠拢,同样基于互联网的融合报道越来越多地投入社交媒体中去,这种信息载体最好的体现便是 Facebook 在 2010 年添加的新闻搜索功能,供用户利用关键词搜索站外新闻。

更为重要的是,就跟每个人用谷歌浏览器搜索相同关键词也会得到不同的搜索结果排序一样,每一位社交网络成员也将会获得与自己个人关系最为密切的搜索结果。虽然 Facebook 没有透露相关的搜索原理,但是基于用户个人信息的基本筛选能被初级人工智能所做到,融合报道的内容并不直接参与这个流程,但是作为社交媒体里个人化关系新闻推送的最主要内容和形式,其以最能够满足受众的多方位观感的优势使用户们通过社交媒体获取信息成为可能。

2.基于地域服务网络背景的融合报道为受众提供更为精准的地域接近性

(1)LBS 等新技术使地域化新闻的定位更精准

LBS 是基于对用户移动位置的确定之后,动用信息平台为用户提供相应服务的增值服务。这项服务的两个关键步骤是:第一,锁定用户的位置;第二,提供相应位置范围内的信息和服务。可以说,LBS是新媒体环境下融合报道地域接近性的内在驱动力,其存在机制使得新媒报道的地域接近性有了新的运作模式。简言之,传统新闻报道能企及的地域接近性往往是固定的、同质化的、基础的,而LBS则赋予报道一种移动的、异质化的、多层次的接近可能。作为受众,重要的不是你在哪里,而是你是谁。

融合报道提供的思路在于,在移动的地球村里,我们只是从一个村落到了另一个村落,我们渴望认知,融合报道让更多的信息来拥抱我们,我们并不孤独,而是被人关注,这无异于提醒着我们自己的主人公角色。

这种情况下,手机地图应运而生。手机成为受众的同位体,我们到哪都随身带有手机。手机的这个特性,使其被开发成为有效的移动终端,也是LBS移动性的最佳载体。当我们的位置被检索到后,手机地图提供给我们的是周边涵盖各门类的信息,以及实时发生的新闻报道——按照融合报道的思路来讲,这并不是简单的当地新闻,而是一种交集,换作是另外的人,就会推送有不同性质的当地新闻。这一方面是媒体主动权的回归,受众"被关注并被服务"比自己去摸索新环境更易建立亲近感;另一方面,融合报道克服的技术难题让地域接近性的效果大大提高,它不仅定位了"我"的位置,还定位了"我"的生活背景,提供了"我"内心需要但在意料之外的新闻。

(2)地域化综合网站为融合报道提供了接近性素材的可能

地域化综合网站是门户网站发展过程中的分支产物,它随着门户网络的发展而逐渐发展成具有相同生存空间,持有相同生活话题的人群的虚拟社区。它的用户多是相应地区的居民,由于地理距离的接近和文化背景等因素的相似使得网站信息相对"综合",可以涉及上至科教文卫下至柴米油盐的信息,也能够更加及时地反映出一些问题。

地域化综合网站也为融合报道所关注,其每天生产出的大量信息成为融合报道筛选的素材库,媒体工作者利用地域化综合网站,在长期使用中能够较为清晰地把握一个地区的人群的价值取向和阅读兴趣,也能够获取更具有接近性的报道话题——这是一个良性循环,媒体工作者获取的是民众披露的热点话题,对这些话题的报道思路又贴近当地民众的价值观和兴趣,从始至终都与该地区的受众具有地域上、心理上的接近性。

融合报道能做的是近一点,再近一点,与地域门户网站的互动合作是深入接近的驱动力。新闻工作者需要保持适当的敏感度,对自己报道的地域接近性标准做更高的要求。

第三节　媒介互动层面下新闻资源的利用与开发

一、新闻资源利用与开发的方式之连横:以《华尔街日报》与其网络版为例

近年来,网络的迅猛发展对传统媒体,特别是报纸形成了巨大冲击。《华尔街日报》2005 年也曾经历衰退,但一系列改革使其状况得到明显改善,这一改革措施便是实施报网一体化整合。《华尔街日报》报网一体化整合后,其人力资源分布也有了相应的调整。网站与报纸的采编队伍实现最大限度的共享,该报在世界各地的 1 000 多位新闻工作者都可以为网站撰稿;网络与报纸同时出席《华尔街日报》总编室每天的例会,共商当天的新闻资源如何配置能实现传播效果最大化。此外,网站能在内容方面实现与所属集团内各种媒体交换和共享新闻资源、稿件、图片、音频视频等资料,形成覆盖面广泛且具有深度的稿件群,以满足受众对网站的期望和必读性要求。在资源利用与开发上,《华尔街日报》及其网络版采用了连横的模式,具体如图 8-1 所示。

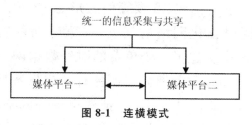

图 8-1　连横模式

在这种连横式的整合中,媒体信息采集统合成一个平台,在多个媒体上进行发布。所有的记者都在这个平台当中生产新闻信息;而这些新闻信息的横向分布与组合则由编辑完成。广告方面也将有很大变化,在两种媒介整合之后,广告不仅可以放在平面媒体上,还可以分布在不同的媒介产品上,形成统合的效应。

在报纸与网络的分工上,报纸主要承担了凸显分析与预测功能:报纸体现深度和权威性的长文传统依然保持不变,但为了满足部分读者快速浏览的需求,在有些版面还增设了有导读作用的"In Brief"(概要)专栏,提供关于该版报道主题的重要新闻的概要;另外,强化报纸的预测性,如 A2 版新添的特别报道"Today's Agenda"(今日议程)针对当天可能发生的事件,预测并分析其意义,使读者在事件来临之时能有充分的知识储备和良好的心理准备去应对。与报纸承担的作用不同,网络版主要承担为读者提供全天候与全方位信息的作用。一方面,《华尔街日报》在网站主页或各新闻单元首页上,对美国东部时间上午 7 时以后上传的新闻都在标题旁标注更新时间,既方便读者判断新闻的新鲜程度,又能体现时间上的延续性。强化新闻定制与提醒的服务也是体现网络全天候服务的一个举措,用户通过邮箱除了能定点收到当天报纸的新闻标题和内容摘要外,还能根据自己的兴趣选择需要接收的新闻类别,这样一旦有用户定制的新闻出现,编辑就可以向其发送,并通过用户事先设定的提醒方式提示受众收看。另一方面,《华尔街日报》网络版利用网络的海量特点,将更为详备的事件性信息和意见性信息登载出来,通过数量上的积累使受众有较大的选择余地;另外,网络的多媒体优势也开始在《华尔街日报》网站上得到重视,除了报纸擅长的文字、图片、表格等信息形态之外,网站也开始采用视频、音频等信息形态,多角度、多形态地报道新闻;网站同时强化网络的互动、搜索等功能特点,在 www. WSJMarkets.com 新建了一个免费的财经数据网站"市场数据中心",该中心以整个道·琼斯公司所拥有的市场数据资源为基础,不但提供各股票、基金、上市公司、证券市场等的基础信息和相关的最新动态消息,而且还提供多种计算和比较工具,帮助用户及时了解行情变化,做出合理的投资决策。

《华尔街日报》的改版是在保持"新闻内容空间不会有任何损失"的基础上进行的,调整的重点是将印刷版和网络版两个平台更紧密地整合在一起,以实现每种媒体的无缝化对接。这意味着在网站上不间断地对重大突发新闻进行更新,并且在次日的报纸上刊载较长的相关分析文章进一步详解。由于截稿时间限制来不及在报纸上刊载完整的新闻故事时,可以登载新闻标题并引导读者参阅网站,而网站也可以突出报纸即将刊载的主要内容。具体来看,《华尔街日报》的报纸与网络版之间的"无缝"对接通过以下方式完成。

第一,报—网对接。这主要表现在强化报纸对网络的导读与推荐、将报纸的互动延伸到网络进行、突出精华与方便受众选择结合三个方面。

强化报纸对网络的导读与推荐:在新改版的《华尔街日报》上,通过在多个版面的介绍当天网站专属文章的小栏目来对在线新闻进行导读与推荐,这种介绍比较简略,一般只是列出编辑希望重点推荐给读者的网络版专属文章的标题,有的版面会采用图片的形式吸引读者眼球,引导读者上网点击,以寻找更多更有趣的信息。

将报纸的互动延伸到网络进行:在《华尔街日报》上,设置了一个名为"Question of the Day"(今日问题)的意见调查性栏目,这个栏目其实是报纸与读者互动的园地;由于报纸互动性差,互动的空间就延伸到网络上。这个小栏目由两个部分构成,一部分提出当天的问题,号召读者上网参与调查,另一部分则是以信息图表的方式显示前一天的调查结果。

突出精华与方便受众选择结合:在《华尔街日报》的很多报道末尾,读者能看到一些提示性的文字,提醒有兴趣的读者上网进行拓展性阅读。一些事件重要或主题复杂的报道通常篇幅很长,相关配置也较多,为节省有限的版面空间、方便读者快速掌握主要信息,报纸负责将精华刊登出来。

第二,网—报对接。这主要表现在网络形式元素与报纸风格的对接和网站对报纸内容的全面登载两个方面。

网络形式元素与报纸风格的对接:整体上来看,《华尔街日报》的网络版和报纸版的风格是一致的,不仅主页的结构和设计风格相似,而且网站的频道划分与报纸的分叠也基本一致。当然,并不是所有的新闻都能做到完全的一一对应,因为网上的内容比报纸上的要多,完全按报纸的版面划分也不现实,但从整体上来看,这种一致性还是比较明显的。正是一致性的设计让用户感到亲切、熟悉,便于他们快速到达目标文章。

网站对报纸内容的全面登载:《华尔街日报》设有"今日报纸"(Today's News paper)频道,这个频道首页按报纸页码依次列出当日报纸所有文章的标题,市场数据表格和"What's News"等包含有多条短小消息的集纳性专栏。除全文照登外,编辑还特别详列了文章的出处(所属报纸的出版日期、所处分叠的名称,以及所在版次),以方便用户来回参看。由于网站的核心内容是要收费的,因此,这种全面登载并不影响报纸对读者的覆盖。

二、新闻资源利用与开发的方式之合纵:以凤凰卫视及凤凰新媒体为例

2006 年,凤凰卫视推出以凤凰网(www.ifeng.com)为核心载体的凤凰新媒体,力求全方位整合多种媒体形式、内容资源、技术平台与传播渠道,努力打造一流的全球华人新媒体。从实践来看,突出"凤凰新媒体"是凤凰卫视与网络全面整合的重要举措,除了强化网络平台之外,打造移动平台也是这次整合的亮点。具

体来看,凤凰卫视及凤凰新媒体在运用合纵方式开发和利用新闻资源的过程中,表现出以下几方面的特点。

(一)以"短头内容"提供商作为定位目标

长期以来,凤凰卫视在中国"卫星上天、有线落地"的传输方式影响下,其电视节目落地范围有限,其主体受众一直是国家相关法规规定的三类人群:第一类是级别较高、规模较大的教育、科研、新闻、金融、经贸等确因业务工作需要的单位;第二类是三星级或国家标准二星级以上的涉外宾馆;第三类是外销公寓。针对这样的受众群,凤凰卫视打出"影响有影响的人"的口号,锁定高端人群,以"80/20 原则"取得了不俗的效益。但是,传播得更广、更远作为一种传播理想也一直是凤凰卫视的追求,他们希望实践这样一个过程:"有限收视——有限定位——无限影响——无限收视。"①

而互联网则可以让凤凰卫视这样的媒体具备其原来所不具备的无所不在的通达能力,高端之外的 80% 的受众通过网络可以成为凤凰卫视的"长尾",而发现并满足他们的需求则能成为凤凰卫视又一重要的盈利资源。在凤凰新媒体看来,长尾理论的第三个法则更有实践意义,即长尾并不意味着仅仅把众多分散的小市场聚合为一个长尾巴,还需要一个坚强的"短头内容"来加强头部和尾巴之间有效的联系。基于这样的认识,凤凰新媒体把"视频短头内容"即热门视频内容作为其产品重点,并兼顾一些小众的兴趣,从而"头尾兼顾",以"短头"带动"长尾"的扩张。

凤凰新媒体的"短头内容"主要来源于凤凰的差异化、品牌化的专业制作,包括凤凰卫视的视频、音频节目以及凤凰周刊、凤凰生活等平面媒体的资源。这些内容通过凤凰新媒体的三个事业部门:图文为主的互联网资讯门户、与网络视频宽频非常相关的流媒体部门以及凤凰卫视,跟中国移动战略合作的凤凰无线三个

---

① 钟大年,于文华.凤凰考——建构一个新传媒[M].北京:北京师范大学出版社,2004:53.

部门进行整合重组,把来自凤凰的各种内容进行二次开发,适应互联网、无线网和网络电视的需求。

(二)对内容进行分类重组,并尝试新创

凤凰新媒体的主打内容是以凤凰卫视的节目为主,通过对凤凰卫视内容的分类重组,实现节目内容的增值。同时,凤凰新媒体也开始尝试运用视频搜索等技术去挖掘自身的潜力,让视频内容产生更大的影响力。

在内容的创新方面,凤凰新媒体推出的"凤凰网会客厅"视讯系统能让网友直接在电视上与主持人一起互动,将互联网的各种模式变成电视节目的一部分。这其实是凤凰新媒体进行跨平台互动内容制作与传播的一个尝试。可以预见,与线下结合、与用户互动的跨平台跨媒体的内容选题、生产、传播、展示、消费全周期的新闻信息生产流程将会是凤凰新媒体下一阶段重点要解决的问题。

背靠凤凰卫视的节目资源优势,目前凤凰新媒体的主打内容仍然是以凤凰卫视的节目为主。由于品牌强大、版权清晰、监管容易,这部分视频内容容易得到广告主和广告代理商的早期认同。大致上看,凤凰新媒体对凤凰卫视的新闻资源的二次加工方式有以下几种。

第一,视频内容与文字的结合。对单条视频新闻而言,凤凰新媒体在提供视频内容的同时,有的新闻也提供一些文字内容对视频内容进行说明或补充,方便一些没有通过宽带上网的客户掌握新闻。例如,一则关于朝鲜商人否认要在朝鲜设立特区的报道以视频内容为主,但在下方设置了一个导读,将视频的主要内容以文字的方式进行浓缩,并以要点的方式将相关新闻的核心内容进行提炼。

第二,将视频结构放进一般专题当中。将视频结构放进一般专题当中是凤凰新媒体常用的一种处理视频的方式。通常做法是在专题的显著位置,对其独家视频内容进行推介,并围绕相关

视频配置文字稿件。例如,凤凰卫视的"两会"专题经常会在中心位置放上有关"两会"的重大新闻图片,点击进入后则可观看相应的视频。在专题的右侧,则会放置一些集中的"两会"新闻资源,受众可以打开观看。

(三)多终端整合发布上游产品

凤凰新媒体的出现,体现了凤凰卫视在新媒体领域的意图,宽频和无线业务被凸显出来,提升到与图文同样的地位,表现了凤凰新媒体要涵盖电脑、手机和电视三个终端的目标。对于凤凰新媒体而言,凤凰卫视是内容的生产商,自己则是将这些内容重新打包并在三个平台发布的供应商。

凤凰新媒体通过三个业务板块,也实现了收入的多元化。其网站收入主要来源于网络广告,特别是针对高端受众群的产品与品牌广告;宽频部分的收入包括了视频广告、内容授权和付费点播;而凤凰移动台的收入有望随着与中国移动合作的全面展开而大幅上升。

凤凰新媒体与凤凰卫视的整合方式其实是一种"合纵"式的整合,针对电脑及手机终端特性及用户群的特点进行二次加工、二次包装。同时,很多在电视中没有发出的节目花絮也都可以在新媒体上有所体现。这种模式可以用"新闻信息整合——信息形态转换——差异化(个性化)

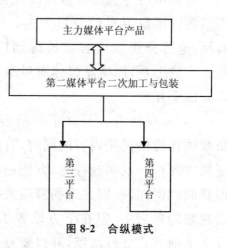

图 8-2　合纵模式

新闻服务"来概括,运用多媒体手段将母体的新闻资源进行再次开发和再度传播,将产品链沿长并多元化,通过集成式多媒体平台将这些新闻信息产品得到复合式使用,以取得效益最大化。这一模式可以用图 8-2 来表示。

目前,凤凰集团以凤凰卫视与凤凰新媒体为核心,重点在推动新闻信息资源在集团内部的垂直整合:透过协调各个平台资源的共享和利用,实现最有效益的运用和发挥;而未来整合的另一个方向将是水平整合,即"大媒体"起到信息供应和交换平台的作用,在它的协调下,每个不同类型的开发平台与其他平台相互补充和支援,进而发挥整体作战的功能。

参考文献

[1][德]马克思,恩格斯.马克思恩格斯全集:第 7 卷[M].中央编译局,译.北京:人民出版社,1956.

[2][加]马歇尔·麦克卢汉.理解媒介——论人的延伸[M].何道宽,译.北京:商务印书馆,2005.

[3][美]罗伯特·福特纳.国际传播:全球都市的历史、冲突及控制[M].刘利群,等译.北京:华夏出版社,2000.

[4][英]基兰,张培伦.媒体伦理[M].郑佳瑜,译.南京:南京大学出版社,2009.

[5][英]麦奎尔.受众分析[M].刘燕南,等译.北京:中国人民大学出版社,2006.

[6]"新闻传播发展趋势研究"项目组.中国新闻传播的发展——现状与趋势报告(2013—2014)[M].北京:中国社会科学出版社,2015.

[7]艾丰.新闻采访方法论[M].北京:人民日报出版社,1996.

[8]毕书清,李婷婷.传播变革:新时期传统媒体的变革与发展[M].南京:江苏凤凰科学技术出版社,2017.

[9]蔡铭泽.新闻传播学[M].4 版.广州:暨南大学出版社,2014.

[10]蔡雯.新闻传播的变化融合了什么?——从美国新闻传播的变化谈起[J].中国记者,2005.

[11]陈浩文.再论"媒介融合"[J/OL].人民网,2007-4-6.

[12]陈霖.新闻传播学概论[M].4 版.苏州:苏州大学出版

社,2013.

[13]陈晓宁.广播电视新媒体政策法规研究:国外法规与评介研究[M].北京:中国法制出版社,2001.

[14]陈晓武.突发新闻采访中新闻记者的职业道德和伦理道德平衡[J].中国传媒科技,2012(16).

[15]陈绚.新闻传播伦理与法规概论[M].北京:高等教育出版社,2012.

[16]陈绚.新闻传播伦理与法规教程[M].北京:中国传媒大学出版社,2006.

[17]陈岩烨.舆论监督与新闻侵权的矛盾和平衡[J].孝感学院学报,2008(S1).

[18]成美,童兵.新闻理论教程[M].北京:中国人民大学出版社,1993.

[19]程世寿,胡继明.新闻社会学概论[M].北京:新华出版社,1997.

[20]程世寿,刘洁.现代新闻传播学[M].武汉:华中科技大学出版社,2000.

[21]褚亚玲.新媒体舆论引导力研究[M].北京:团结出版社,2015.

[22]丁铂铨.新闻采访与写作[M].北京:高等教育出版社,2009.

[23]丁未.新媒体与赋权:一种实践性的社会研究[J].国际新闻界,2009(10).

[24]董天策.网络新闻传播学[M].3版.福州:福建人民出版社,2009.

[25]范立志.新闻采访技巧的运用分析[J].新媒体研究,2015(12).

[26]范周.创新·创意·创业:海峡——两岸文创研究报告2015[M].北京:中国传媒大学出版社,2016.

[27]方毅华.新闻编辑[M].北京:中国人民大学出版

社,2013.

[28]丰纯高.新闻理论基础[M].北京:中国传媒大学出版社,2006.

[29]甘惜分.新闻学大辞典[M].郑州:河南人民出版社,1993.

[30]高卫华.新闻传播学导论[M].武汉:武汉大学出版社,2011.

[31]宫承波,等.媒介融合概论[M].北京:中国广播影视出版社,2011.

[32]宫承波.新媒体概论[M].4版.北京:中国广播电视出版社,2012.

[33]宫京成.大众传媒回应与引领当代社会思潮研究[M].北京:人民日报出版社,2016.

[34]郝雨.新闻传播学概论[M].上海:上海交通大学出版社,2017.

[35]郝振省.新闻侵权及其预防[M].北京:民主与建设出版社,2008.

[36]何倩,等.实用新媒体简论[M].成都:四川大学出版社,2016.

[37]胡学亮.简明传播学[M].北京:知识产权出版社,2014.

[38]胡颖,周忧.传统媒体与新媒体依存度分析[J].新闻传播,2007(5).

[39]胡正荣.后WTO时代我国媒介产业重组及资本化结果——对我国媒介发展的政治经济写分析[J].新闻大学,2003(3).

[40]黄传武,等.新媒体概论[M].北京:中国传媒大学出版社,2012.

[41]黄旦.新闻传播学[M].杭州:杭州大学出版社,1997.

[42]黄宏.媒介素养教程[M].杭州:浙江大学出版社,2013.

[43]黄瑚.新闻传播伦理与法规实用教程[M].北京:高等教

育出版社,2011.

[44]黄玉浩.新闻敲诈真相[J].记者观察,2006(9).

[45]江作苏.实用新闻采访教程[M].武汉:华中科技大学出版社,2015.

[46]姜平.媒介融合教程[M].武汉:武汉大学出版社,2015.

[47]蒋宏,徐剑.新媒体导论[M].上海:上海交通大学出版社,2006.

[48]匡文波.网络传播技术[M].北京:高等教育出版社,2003.

[49]匡文波.网络传播学概论[M].2版.北京:高等教育出版社,2004.

[50]匡文波.新媒体理论与技术[M].北京:中国人民大学出版社,2014.

[51]匡文波.新媒体舆论模型、实证、热点及展望[M].北京:中国人民大学出版社,2014.

[52]蓝鸿文.新闻采访学[M].2版.北京:中国人民大学出版社,2000.

[53]蓝鸿文.新闻伦理学简明教程[M].北京:中国人民大学出版社,2001.

[54]雷蔚真.跨媒体新闻传播理论与实务[M].北京:中国人民大学出版社,2012.

[55]李黎明.新闻心理学[M].武汉:华中师范大学出版社,1995.

[56]李良荣.网络与新媒体概论[M].北京:高等教育出版社,2014.

[57]李良荣.新闻学概论[M].5版.上海:复旦大学出版社,2014.

[58]李铁锤.对正面典型的对抗式解读——典型人物报道效果不佳的原因分析[J].新闻知识,2007(7).

[59]李小曼,程明.中国传媒集团经营发展面临的几个重大

问题[J].江西社会科学,2005(5).

[60]李欣欣.全媒体时代怎样提高新闻舆论引导力[EB/OL].(2018－06－01)http://www.rmlt.com.cn/2018/0601/520085.shtml.

[61]李衍玲.新闻伦理与规制[M].北京:社会科学文献出版社,2008.

[62]李艳霞.社会转型期中国公民意识的良性构建——以社会生活各领域关系为视角的分析[J].社会主义研究,2010(1).

[63]李正良.传播学原理[M].北京:中国传媒大学出版社,2007.

[64]梁波.论第四媒体的基本特点及其对传统媒体的影响[J].科技传播,2009(8).

[65]廖永亮.舆论调控学:引导舆论与舆论引导的艺术[M].北京:新华出版社,2003.

[66]林凌,濮端华,张帆.新闻学概论[M].北京:化学工业出版社,2011.

[67]刘聪歌.从新闻"偷拍"中看新闻法律和伦理道德的争议[J].新闻研究导刊,2015(15).

[68]刘凡,杨萍.新编新闻学概论[M].广州:暨南大学出版社,2011.

[69]刘海贵,尹德刚.新闻采访写作新编[M].上海:复旦大学出版社,1991.

[70]刘海贵.新闻采访教程[M].上海:复旦大学出版社,2013.

[71]刘宏,栾轶玫.新闻传播理论[M].北京:中国传媒大学出版社,2016.

[72]刘建明,等.新闻学概论[M].北京:中国传媒大学出版社,2007.

[73]刘建勋.新闻传播理论概要[M].北京:北京大学出版社,2007.

[74]刘少奇.刘少奇选集:上卷[M].北京:人民出版

社,1981.

[75]刘行芳.新闻法治与新闻伦理[M].2版.郑州:郑州大学出版社,2013.

[76]刘宗慧.媒介融合背景下的图书品牌营销策略[N].国新闻出版报,2009－9－4.

[77]罗彬,等.新闻伦理与法规[M].北京:北京师范大学出版社,2012.

[78]罗哲宇.伦理重建与当代中国新闻报道[M].北京:中国传媒大学出版社,2012.

[79]骆正林.新闻理论教程[M].北京:北京大学出版社,2010.

[80]马为公,罗青.新媒体传播[M].北京:中国传媒大学出版社,2011.

[81]尼葛洛庞帝.数字化生存[M].胡泳,范海燕,译.海口:海南出版社,1996.

[82]倪延年.新闻传播理论与实践之史学观照[M].北京:社会科学文献出版社,2015.

[83]牛静.新闻传播伦理与法规:理论及案例评析[M].上海:复旦大学出版社,2015.

[84]彭菊华."叙言新闻"略论[J].新闻爱好者,2002(2).

[85]彭菊华.新闻学原理[M].2版.北京:中国传媒大学出版社,2014.

[86]强荧,戴丽娜.新闻传播学理论前沿:在媒介融合的视域下[M].上海:上海社会科学院出版社,2016.

[87]乔辉.试论在市场经济条件下新闻报道应把握的原则[J].湖北广播电视大学学报,2002(3).

[88]乔新玉.媒介融合:数字时代的必然趋势[J].青年记者,2010(35).

[89]任晓敏.报纸与微博融合现状:碎片化丰富新闻报道[J].传媒,2011(3).

[90]申淼,黄梦阮,詹正茂.路透社新闻生产流程管理体制研究[J].今传媒,2008(2).

[91]石磊.新媒体概论[M].北京:中国传媒大学出版社,2009.

[92]宋超.新闻事业与新闻传播学[M].上海:上海人民出版社,2009.

[93]宋素红,罗斌.假如你主持的知名栏目被他人"抢注"——媒介品牌法律保护的问题与对策[J].中国记者,2005(1).

[94]宋昭勋.新闻传播学中 convergence 一词溯源及其内涵[J].现代传播,2006(1).

[95]孙旭培.新闻传播法学[M].上海:复旦大学出版社,2008.

[96]谭云明.新闻编辑[M].北京:中国传媒大学出版社,2008.

[97]童兵.理论新闻传播学导论[M].北京:中国人民大学出版社,2000.

[98]王菲.媒介大融合[M].广州:南方日报出版社,2007.

[99]王金鑫.论网络化语境下网络新闻舆论监督的法律保护[J].出版广角,2015(8).

[100]王军.传媒法规与伦理[M].北京:中国传媒大学出版社,2010.

[101]王丽.网路时代议程设置理论探析[D].郑州大学硕士学位论文,2007.

[102]王淑娟.传播学理论与实践[M].北京:中国广播电视出版社,2005.

[103]王松等.信息传播大变局[M].上海:上海交通大学出版社,2013.

[104]魏健馨.论公民、公民意识与法制国家[J].政治与法律,2004(1).

[105]魏金城.新闻法规与职业道德教程[M].武汉:武汉大学出版社,2006.

[106]魏永征.中国新闻传播法纲要[M].上海:上海社会科学院出版社,1999.

[107]吴高福.新闻学基本原理[M].武汉:武汉大学出版社,1993.

[108]吴冷西.忆毛主席[M].北京:新华出版社,1995.

[109]吴铁,鸣戎融.从新闻记者的职业道德看新闻伦理[J].今传媒,2014(7).

[110]吴玉兰.经济新闻报道[M].武汉:武汉大学出版社,2009.

[111]谢凡,杨萍.新编新闻学概论[M].广州:暨南大学出版社,2011.

[112]谢金文.新闻与传播通论[M].上海:复旦大学出版社,2006.

[113]谢静,陈俊美.媒介素养教育行动的动员与组织[J].当代传播,2008(1).

[114]谢鹏程.公民的基本权利[M].北京:中国社会科学出版社,1999.

[115]谢新洲.互联网等新媒体对社会舆论影响与利用研究[M].北京:经济科学出版社,2013.

[116]新华社新闻所.新媒体发展与现代传播体系构建[M].北京:新华出版社,2013.

[117]徐赳赳.叙述文中直接引语分析[J].语言教学与研究,1996(1).

[118]徐沁.泛媒体时代的生存法则——论媒介融合[D].浙江大学博士学位论文,2008.

[119]徐兆荣."新闻报料人"的利弊及其规范[J].中国记者,2004(9).

[120]许静.传播学概论[M].2版.北京:北京交通大学出版

社,2013.

[121]许颖.媒介融合的轨迹[M].北京:中国人民大学出版社,2010.

[122]严三九.新媒体概论[M].北京:化学工业出版社,2011.

[123]杨保军.新闻道德论[M].北京:中国人民大学出版社,2010.

[124]杨文敏.新闻编辑的文字素养浅谈[J].教育观察,2015(19).

[125]杨雅.大数据分析与可视化技术:新闻传播的新范式——"大数据与新闻传播创新"研讨会综述[J].国际新闻界,2014(3).

[126]杨艳琪.新媒体与新闻传播[M].北京:社会科学文献出版社,2015.

[127]杨毅.新闻记者的职业道德[J].记者摇篮,2009(1).

[128]展江,彭桂兵.媒体道德与伦理案例教学[M].北京:中国传媒大学出版社,2014.

[129]张傅.传媒伦理学教程[M].北京:中国传媒大学出版社,2014.

[130]张昆.中外新闻传播史[M].北京:高等教育出版社,2008.

[131]张穗华.媒介的变迁[M].北京:中国对外翻译出版公司,2002.

[132]张晓.新媒体时代[M].北京:中国发展出版社,2015.

[133]张玉娟.从"报刊伦理精神"看新闻媒体的职业道德[J].理论观察,2008(3).

[134]赵玉花.新闻媒介与舆论导向的关系[J].东方企业文化,2012(22).

[135]郑保卫.新闻理论新编[M].2版.北京:中国人民大学出版社,2015.

[136]郑虹.探讨媒介融合之路[J].东南传播,2007(3).

[137]钟大年,于文华.凤凰考:建构一个新传媒[M].北京:北京师范大学出版社,2004.

[138]周峰.新闻策划十日谈[M].北京:中国人事出版社,2014.

[139]周蔚华,徐发放.网络舆情概论[M].北京:中国人民大学出版社,2015.

[140]周艳.新媒体理论与实务[M].北京:中国传媒大学出版社,2014.

[141]朱春阳.媒介融合规制研究的反思:中国面向与核心议题[J].国际新闻界,2009(6).

[142]诸葛蔚东,张增一.多重视角下的新闻传播[M].北京:科学出版社,2013.

[143]邝云妙.当代新闻采访学[M].广州:暨南大学出版社,2002.